HISTOIRE

DE LA VILLE

DE

CONDÉ-SUR-NOIREAU.

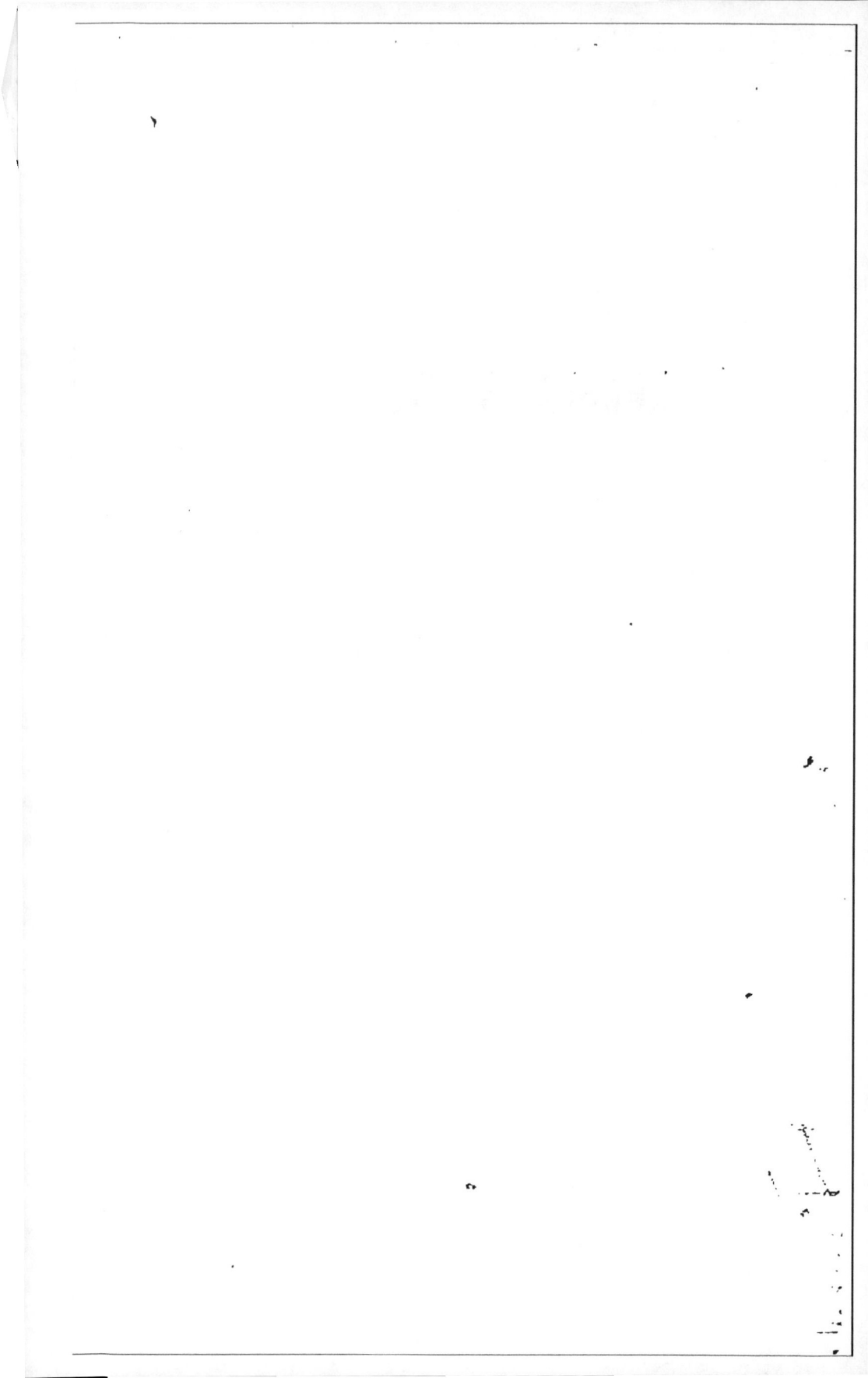

HISTOIRE

DE LA VILLE

DE

CONDÉ-SUR-NOIREAU,

Par M. l'abbé Barette,

Vicaire de Saint-Jean-le-Blanc,

SUIVIE D'UNE NOTICE

SUR

Dumont - d'Urville.

A CONDÉ-SUR-NOIREAU,

Chez AUGER, Imprimeur-Libraire, place
de la Boucherie.

—

1844.

PRÉFACE.

Nous avons cru faire une chose agréable aux habitants de Condé-sur-Noireau, en écrivant l'Histoire de leur pays. Nous avions un goût décidé pour ce genre de travail : et, à quoi pouvions-nous employer plus utilement nos moments de loisir, sinon à écrire l'histoire du pays que nous habitons ! !

A une époque où la France entière s'agite pour faire sortir de la nuit des temps des faits ignorés jusqu'à ce jour, et qu'il serait peut-être impossible de recueillir plus tard, nous avons voulu que la ville de Condé, ne fût point étrangère à ce mouvement et fournît au moins une page à la grande histoire.

L'histoire de Condé-sur-Noireau renferme ce qui s'est passé de plus remarquable, depuis les siècles les plus reculés jusqu'à nous. Les trois invasions Anglaises, de 1346, 1356 et 1417; l'origine du Protestantisme; l'histoire des Protestants de Condé; celle des Seigneurs qui ont possédé la châtellenie, depuis 1388 jusqu'en 1792, y occupe une place considérable. Nous avons aussi parlé, avec une certaine étendue, de l'état ancien de la ville, avant 1790, de son état actuel, du commencement et des progrès du Commerce. Nous avons puisé dans les écrivains qui ont parlé de Condé avant nous, (MM. l'abbé Beziers, labbé Marie et Boisard), tous les documents, réunis aux notes qui nous ont été communiquées, avec la plus grande obligeance, par plusieurs notables de la ville (MM. Brière, président du tribunal de Commercé, Deprépetit; ancien maire, Davoult, ancien notaire, et Alexandre-Lamotte, maire actuel), et Vaullegeard, docteur-médecin), nous ont mis à même d'écrire l'Histoire de Condé, avec beaucoup plus d'étendue et d'exactitude que nos devanciers, dont nous avons fait passer les ouvrages par le creuset de la critique,

Si nous n'avons pas fait un ouvrage parfait, au moins nous aurons le mérite d'avoir compulsé les historiens, les chroniques, les archives, et d'avoir donné à la société des antiquaires de Normandie, des documents qui la mettront à portée de faire des recherches plus étendues et de perfectionner le travail que nous avons commencé.

HISTOIRE

DE LA VILLE

DE

CONDÉ-SUR-NOIREAU.

LIVRE PREMIER.

DEPUIS LES TEMPS RECULÉS JUSQU'A LA PRMIÈRE INVASION ANGLAISE , EN 1346.

Condé-sur-Noireau , (*Conaatum , Condœum ad Norallum et Condœtum suprà nigram aquam*) tire son étymologie du mot celtique *Cond* , qu signifie confluent.

On sait que la plupart des localités qui portent ce nom , sont situées au confluent des rivières et l'on a remarqué qu'en général elles offrent des vestiges de la domination romaine.

Cette ville s'étend dans un vallon, borné au nord et au midi par des collines élevées, au confluent de la Druance et du Noireau; elle est située dans l'arrondissement de Vire, à 46 kilomètres de Caen, à 25 kilomètres de Vire et à 51 kilomètres de Falaise, sur les limites des départements de l'Orne et du Calvados.

Son origine est fort-ancienne; son nom même témoigne en faveur de cette opinion. D'un autre côté, si, comme on le pense, les Romains avaient établi une grande communication militaire par Falaise et Mortain entre la presqu'île de la Manche et la partie occidentale des Armoriques, on doit présumer que Condé en formait la station intermédiaire.

L'importance de sa position ne put qu'augmenter, sous les Normands, qui dans l'intérêt d'une domination nouvelle et plus ou moins précaire, durent porter toute leur attention sur les points susceptibles de défense, ou, dont la possession leur était indispensable pour lier entre elles toutes les parties de leur conquête.

C'est une tradition, généralement admise à Condé, qu'un ancien édifice existait sur la *Motte de Lûtre*, une des collines qui domine la ville, au midi. C'était, dit-on, un château, dont on a cru reconnaître les fondements, en pratiquant, sur les lieux, des excavations récentes. Un autre fait vient à l'appui de cette opinion; une des rues de la ville, qui n'en est pas éloignée, porte encore le nom de *Rue du Vieux-Château*.

Ce qui paraît beaucoup moins douteux

c'est que Condé consistait originaire-
ment dans le château, dont on voit
encore une ruine remarquable à peu de
distance de l'Eglise Saint-Sauveur.

La plupart de nos villes, soit qu'elles
remontent au temps de la domination
romaine, soit qu'elles appartiennent à
l'époque de la conquête des Normands,
doivent leur origine à l'établissement
préalable d'un point fortifié autour
duquel ces populations sont successivement venues se grouper, pour se
dérober aux déprédations ou leur
opposer une résistance plus efficace.
Il s'ensuivit nécessairement des trans-
actions entre les possesseurs des châteaux et ceux qui réclamaient leur protection : de-là, l'origine des concessions
féodales, et, de cette foule de droits et
de privilèges, arrachés à la faiblesse des
peuples, par l'ascendant des hommes
d'armes.

Si l'on en croit une chronique manuscrite de la bibliothèque d'Alençon, et, souvent citée dans le *Neustria Pia*, Rollon, premier duc de Normandie, passa par Vire, Condé-sur-Noireau et Falaise, en 912, première année de son règne.

Quoiqu'il en soit, dans l'onzième siècle, le seigneur de Condé-sur-Noireau ne resta pas étranger aux événements signalés qui illustrèrent le règne de Philippe 1er, roi de France, la conquête de l'Angleterre et la première croisade. En 1066, il accompagna le duc Guillaume à la conquête de l'Angleterre, avec Roger et Ildebert de Lacy, les seigneurs de Saint-Jean-le-Blanc, d'Aunay, de Saint-Omer, du Tourneur, de Vassy et de la Ferrière. La majeure partie de la noblesse Normande s'empressa aussi de suivre

Guillaume-le-Conquérant à cette brillante expédition.

En 1096, le seigneur de Condé-sur-Noireau accompagna aussi Robert, duc de Normandie, à la première croisade, avec Jean de Saint-Germain-du-Crioult, Robert de Marsengle (village de Saint-Jean-le-Blanc) et les seigneurs de Cérisy, de Coulonces, de Croisilles, de la Ferrière, de Vassy, de Tournebu et une grande partie des seigneurs et barons Normands.

Au commencement du douzième siècle, les personnes riches rivalisaient de zèle à bâtir des églises : les ducs et les principaux barons donnaient l'exemple à leurs vassaux, et, il y avait entre eux une émulation extraordinaire.

Mais, dans quel siècle les Condéens embrassèrent ils le Christianisme? C'est ce que nous ignorons absolument. Cependant il semble que ce ne serait pas se former une assez noble idée du zèle de tant de Saints Pontifes, qui ont occupé successivement le siége de Saint-Exupère, 1er. Évêque de Bayeux , que de croire qu'ils n'envoyèrent pas quelques ouvriers évangéliques dans le Bocage.

Quoiqu'il en soit , nous regardons comme ayant été fondées au plus tard , dans le douzième siécle, les deux vieilles églises de Saint-Sauveur et de Saint-Martin.

Ce fut aussi à la même époque que furent jetés les fondements du château, dont on voit encore une ruine remarquable à peu de distance de l'église Saint-Sauveur.

Indépendamment de ces deux édifices religieux et de ce château-fort plusieurs fondations pieuses furent faites, au 12ᵉ siècle.

La chapelle de la Maladrerie ou de Saint-Lazare, qui servait, ainsi que son nom l'indique assez, pour un établissement hospitalier, comme on en trouve des traces dans beaucoup de paroisses, remonte à ce même siècle.

Ce fut aussi, vers 1150, que N. Turgot et Laurence de Lapierre, son épouse, fondèrent l'Hôtel-Dieu de la même ville.

S'il faut en croire une ancienne tradition, qui d'ailleurs ne semble appuyée sur aucun document historique, les Templiers y fondèrent aussi un établissement dont les revenus furent donnés à l'Hôtel-Dieu, lorsque leur ordre fut aboli en 1313, sous le règne de Philippe-le-Bel.

Quoiqu'il en soit, au milieu du 13ᵉ

siècle, une joie douce et vive faisait battre tous les cœurs. C'était, en effet, un grand.évènement pour les Condéens. Saint-Louis, roi de France, faisait son entrée à Condé-sur-Noireau.

Le saint roi y fit expédier une charte confirmative de ce que possédaient le prieur et les pauvres de l'Hôtel-Dieu de Bayeux : elle est ainsi terminée : *Datum apud Condœum suprà nigram aquam , nono mensis Aprilis , anno Domini* 1256.

C'est ainsi que le pieux monarque, à l'exemple de notre divin Sauveur, passait, en faisant du bien.

Voilà tout ce que nous connaissons sur l'histoire de Condé-sur-Noireau , depuis les siècles les plus reculés jusqu'au milieu du 13ᵉ siècle

Les faits que nous raconterons désormais seront et plus nombreux et appuyés sur des documents positifs et incontestables.

HISTOIRE

DE LA VILLE

DE

CONDÉ-SUR-NOIREAU.

LIVRE SECOND.

DEPUIS LA PREMIÈRE INVASION ANGLAISE, AU MILIEU DU 14ᵉ SIÈCLE, JUSQU'AUX COMMENCEMENTS DU PROTESTANTISME, AU MILIEU DU 16ᵉ.

Un siècle ne s'était pas encore entièrement écoulé depuis que Saint-Louis avait honoré de sa présence la ville de Condé-sur-Noireau lorsque la Basse-

Normandie fut en proie au fléau de la guerre. Voici la cause de la première invasion Anglaise, en 1346.

Roger Bacon, seigneur du Molley-Bacon, près Balleroy, n'avait qu'une fille unique : c'était la fameuse Jeanne Bacon, dame du Molley-Bacon, de Villers-Bocage, etc.

Elle était sortie d'une des plus anciennes familles de Normandie et une des plus riches héritières de son siècle.

Dès l'année 1345, elle fut recherchée en mariage par les seigneurs les plus distingués. Geoffroi d'Harcourt, baron de Saint-Sauveur-le-Vicomte, prétendait que Roger-Bacon, son père, la lui avait promise pour son neveu. Robert Bertrand, vicomte de Roncheville, baron de Bricquebec, et maréchal de France, soutenait qu'elle avait été accordée à Robert, son fils. Le roi intervint, au milieu de ces prétentions, et voulut les concilier. Mais, les concurrents s'aigrirent de plus en plus et mirent même l'épée à la main, en présence du roi, qui leur ordonna de se rendre au parlement, afin qu'on y prononçât sur leur contestation. Au lieu de comparaître, Geoffroi d'Harcourt alla assiéger le château de Neuilly-l'Evêque, qui appartenait à l'évêque de Bayeux, frère du maréchal. La division gagna bientôt entre les membres des différentes familles alliées des prétendants ; leurs amis s'engagèrent dans leur querelle et des partis se formèrent. Alors Geoffroy d'Harcourt, qui n'avait pas comparu au parlement de Paris, fut banni du royaume et ses biens confisqués.

S'étant d'abord retiré en Flandre, il ne tarda pas à se rendre à la cour d'Edouard III, où la haine de ce prince contre la France, lui offrait une asile plus assuré.

Une flotte de mille vaisseaux allait porter l'armée Anglaise dans la Guyenne, et, au moment d'arriver, elle fut repoussée, par les vents contraires, sur les côtes de la Bretagne.

Pendant qu'elle était restée à l'ancre, Geoffroi d'Harcourt fit tant d'instances auprès du monarque, qu'il le détermina à porter toutes ses forces sur la Normandie. Le 12 juillet 1346, ce prince descendit à la Hogue-de-Saint-Vaast, où il resta quelques jours, pour faire débarquer son armée et la mettre en marche. Elle était composée de trois mille hommes d'armes, de six mille archers et de dix mille hommes de pied, sans compter le corps d'armée qui longeait la côte, en même temps que la flotte, qui portait également des troupes.

Geoffroi d'Harcourt fut nommé maré-
chal-général de l'armée, parce qu'il
connaissait mieux le pays que les généraux Anglais. Déjà Cherbourg et Barfleur
étaient pris et leurs vaisseaux brûlés : il
passa successivement par Valognes ,
Carentan, Saint-Lô, et, laissant Bayeux
à sa gauche, il alla camper, avec son
armée, dans les plaines d'Ardennes ,
près Caen. La ville fut prise , après une
vigoureuse résistance de la part des
assiégés, et, les Anglais y perdirent
beaucoup d'hommes. Le pillage dura
trois jours et le butin fut très-considé-
rable. Bayeux vint faire sa soumission ,
et, le monarque Anglais marcha aussi-
tôt sur Lisieux, qui lui ouvrit ses portes.
Ce prince s'avança ensuite vers la
Picardie.

Cette première invasion fut suivie
d'une seconde, dix ans plus tard : et

qui fut bien plus cruelle et bien plus
meurtrière.

Quoique Charles-le-mauvais, roi de
Navarre, fût bien connu, par ses per-
fidies ; cependant, par le traité de
Mantes, fait avec lui, on lui donna
plusieurs riches Châtellenies, dans la
Haute-Normandie, et tout le Cotentin,
dans la Basse : c'est-à-dire que la cour
mit en possession du plus pervers des
hommes une grande partie de nos côtes
maritimes ; des ports et des forteresses
où il pouvait recevoir les Anglais, les
introduire dans le royaume, et faire le
malheur de l'état. Ces dangers, que
des négociateurs ordinaires auraient dû
prévoir, ne manquèrent pas d'arriver.

En 1356, le roi de Navarre, maître
du Cotentin, débarqua à Cherbourg,
avec dix mille hommes, qui, réunis aux
Anglais, se répandirent sur divers points.

de la Basse-Normandie, pour s'emparer des forteresses. Beaucoup de nobles, mécontents de la cour, se réunirent à eux et dévastèrent le pays. Le plan des ennemis ne fut pas de s'arrêter à faire le siége des villes ; mais bien de s'emparer des bourgs et surtout des forteresses, qui se trouvaient isolées dans les campagnes, de s'y fixer, et de vivre aux dépends des paroisses environnantes, en les pillant. Ils s'emparèrent seulement de Bayeux, afin de s'assurer les derrières de cette armée de maraude. Ils se rendirent maîtres des forteresses de Saint-Vaast, près Tilly-sur-Seules, et du fort de Lingèvres, dans le canton de Balleroy. De ces deux points, la troupe se répandait journellement dans le Bocage ; elle pillait les fermiers, emprisonnait les maîtres, et leur arrachait de fortes rançons. La forteresse de de Villers-Bocage, celle de Condé-sur-Noireau, de Saint-Sever et de Saint-Denis-le-Gast, tombèrent en leur pouvoir.

Richard de Creully fit lui-même démanteler son château, afin que les ennemis ne pussent s'en emparer, pour dévaster ensuite les paroisses maritimes, dont la plupart relevaient de sa Baronnie. Alors, l'ennemi alla prendre la forteresse de Neuvy, près Falaise, et celle d'Auvillard, et Honfleur fut contraint de lui ouvrir ses portes.

De ces différents points et autres dont s'emparèrent, par la suite, les ennemis, il était facile de ravager presque tout le territoire, qui compose aujourd'hui le département du Calvados. Aussi les troupes se répandirent-elles, dans tous les sens, pour commettre tous les excès. C'était surtout aux moulins et

aux fours qu'elles en voulaient, afin
d'affamer le pays ; et lorsqu'elles pouvaient en approcher, sans crainte d'être
repoussées, ils étaient promptement
brûlés ou abattus : ensuite, elles pillaient
les fermes et tuaient tous ceux qui
osaient leur résister. Beaucoup de paroisses furent les victimes de leur cru-
auté : beaucoup de laboureurs avaient
abandonné leurs demeures, dès le
commencement des troubles et n'avaient
pas encore reparu au bout de quinze ou
seize ans. Aussi, plus d'hommes, plus
de bétail, plus de culture. Les curés
étaient également en fuite, parce que
l'ennemi avait pillé leurs églises et que
leurs paroisses étaient désertes. Dans
quelques paroisses, il n'était resté que
quelques vieillards des deux sexes ; les
femmes étaient obligées de creuser les
fosses et d'enterrer les morts. Le bailli

de Caen, faisant, en 1368, par ordre
du roi, la visite de la paroisse de Saint-
Jean-des-Essartiers trouva que les habitants, ayant refusé aux Anglais une
contribution de 120 Philippes, et de
dix charretées de foin à ceux du fort de
Saint-Vaast, on avait emprisonné leurs
députés, quoique munis de saufs-con-
duits ; qu'alors, le reste des habitants
avait pris la fuite ; que depuis 12 ans,
on ne labourait plus dans cette paroisse.
Dans quelques quartiers, comme dans
le canton de Douvres, les Anglais avaient
partagé entr'eux les paroisses et se
faisaient payer par elles les impôts
royaux, les revenus des absents, les
droits féodaux, etc., et vivaient de ces
contributions. Les paroisses étant alors
sous la protection de celui qui les avait
en partage, jouissaient de quelques
moments de repos. D'autres paroisses

assez riches pour payer des contributions en argent, ou en grains, aux
garnisons des forteresses qui les avoisi-
naient, se trouvaient par-là sous leur
défense, mais, elles n'étaient pas pour
cela exemptes de la terreur générale.
Si l'ennemi les ménageait, pour son
intérêt, les troupes du roi venaient les
piller, pour ôter toutes ressources à
l'ennemi ; les routes étaient couvertes
de brigands, et, la rencontre des chevaliers armés n'était pas beaucoup plus
sûre.

En 1357, les ennemis occupaient
encore les forteresses dont ils s'étaient
rendus maîtres et les mêmes désordres
subsistaient.

En 1360, par suite des traités de
Calais et de Brétigny, le roi Édouard
rendit la tour de Villers-Bocage, les

forteresses de Saint-Vaast, de Condé-
sur-Noireau, etc., que ses troupes occupaient.

Cependant, la guerre continuait,
dans notre contrée, malgré les traités
de paix faits entre la France et l'Angleterre. Il était difficile d'expulser du
pays des hommes qui, depuis tant
d'années, y faisaient le métier de brigands plutôt que celui de soldats. Un
grand nombre de chevaliers parcoururent le pays et allèrent de place en
place pour les expulser. Mais, c'étaient
surtout les Anglais du fort de Saint-
Vaast, qui étaient les plus redoutables.
Il se répandaient, en tous sens, dans
les environs, et, en ravageant les
campagnes, ils ruinèrent tellement Caen
que, pour les éloigner, cette ville prit
le parti de racheter d'eux les forts de
Lingèvres et de Saint-Vaast. Après des

négociations assez longues, on convint
d'une somme de quinze mille royaux
d'or, et, pour la payer, la ville fit un
emprunt. Les abbayes, les maisons religieuses, les riches propriétaires se prêtèrent et la somme fut trouvée. Pour
couvrir l'emprunt, il fallut taxer les
paroisses de la vicomté; mais, comme
la plupart étaient désertes, on fut obligé
de surcharger celles qui étaient habitées.

En 1363, la guerre n'avait pas encore
cessé : les ennemis ne changèrent que
de place. Ils allèrent ravager le Bessin,
à l'occident de la ville de Bayeux; là,
réunis aux Navarrois du Cotentin, ils
s'emparèrent du fort de la Ramée, à
Trévières, et, de ce point, ils allèrent
piller les paroisses voisines. Ils brûlaient
les maisons, emprisonnaient les propriétaires, leur arrachaient de fortes
rançons, à force de mauvais traitements,
ou les laissaient mourir dans les fers.

Aussi, une partie des habitants de Trévières prit la fuite, l'autre se retrancha dans l'église, qu'ils mirent en état de défense. Les autres paroisses demeurèrent ou désertes, ou leur population se retira dans les églises, qui furent converties en forteresses. Quelques seigneurs voulurent bien les défendre, mais, ce fut à prix d'argent. Enfin, au mois d'avril de l'année suivante, on n'avait pas encore pu labourer dans cette partie du Bessin.

Ainsi, le traité de Brétigny n'avait pas terminé les hostilités. Notre contrée, était livré aux rapines et aux cruautés; une soldatesque effrénée faisait plus de mal que si l'on eût été en guerre ouverte.

Enfin, en 1365, le gouverneur de Caen parvint à forcer les Anglais d'abandonner le fort de la Ramée, à Tré-

vières, ainsi que le fort de la Vignaie,
qui en était voisin.

Tandis qu'à force d'argent, on ex-
pulsait l'ennemi sur un point, il se
transportait sur un autre et y commettait
les mêmes ravages. Les cantons de Vire
et de Saint-Sever furent bientôt en son
pouvoir, ainsi que la forteresse de Tinchebray. Plus de communications,
plus de commerce avec la contrée
appelée le Bocage.

Cependant, un demi siècle s'était à
peine écoulé, depuis l'expulsion définitive
des Anglais de notre contrée, lorsqu'en
1417, ces insulaires firent une nouvelle
descente, dans la Basse-Normandie.

Depuis Édouard III, roi d'Angleterre,
qui avait prétendu à la couronne de
France, ses successeurs avaient vai-
nement élevé les mêmes prétentions;
mais Henri V voulut les réaliser, et,

1

appuyé par la faction des ducs de
Bourgogne, et surtout par le crédit de
l'odieuse reine Isabelle de Bavière, il
se prépara à conquérir la France. Les
Hollandais lui fournirent, à prix d'argent, presque tous les vaisseaux nécessaires pour le transport de son armée ;
et, sa flotte, quittant les côtes d'Angleterre le 21 juillet, vint se présenter à
l'embouchure de la Touque, le 1er août
suivant. La garnison du château de
Bonneville-sur-Touques vint inutile-
ment s'opposer à la descente; elle se
retira dans la forteresse et rendit hon-
teusement la place, au lieu d'arrêter
l'ennemi par une vigoureuse résistance.
Le roi Henri essaya, mais en vain, de
prendre Honfleur. Il s'empara de Lisieux,
abandonné de ses habitants, se dirigea
sur Caen, et l'assiégea. Devenu maître
de la ville et du château de Caen, le

vainqueur développa davantage ses grandes vues. Bayeux se rendit : les châteaux de Thury (Harcourt) , de Courcy , et toutes les forteresse des seigneurs jusqu'au delà d'Alençon furent soumises. Après avoir souffert un siége, Falaise se rendit. Mais, comme le château continuait de se défendre , le siége ne fut pas levé ; seulement, le monarque Anglais détacha une partie de ses troupes pour aller prendre la forteresse de Condé-sur-Noireau , dont Jean de Witfied ne tarda pas à s'emparer. Après deux mois de siége, le château de Falaise fut forcé de capituler. La victoire continua de se déclarer de plus en plus constamment en faveur de Henri V. Le 21 février, Vire et son château se rendirent, et le 25, Honfleur fut remis aux Anglais. Au commencement de mars, le monarque habita le

château de Bayeux, tandis que sa troupe
s'emparait des forteresses de Neuilly-
l'Évêque, de Colombières et de Maisy.
Il soumit ensuite, en peu de mois, les
villes du Cotentin.

Mais, comme, dans le même temps,
une autre partie soumèttait tout jusqu'à Evreux ; la rapidité de ces con-
quêtes répandit partout la terreur et la
consternation. On prit la fuite, de toutes
parts, et l'épouvante redoubla quand
on vit les plus puissants seigneurs du
pays perdre leurs forteresses et se trouver eux-mêmes en déroute depuis Caen
jusqu'au Maine. Personne cependant ne
voulut se soumettre à la domination
Anglaise. Une partie de la noblesse
abandonna également ses foyers et se
réfugia vers son souverain légitime.

En 1449, le roi d'Angleterre fit raser
la forteresse de Tilly-Verolles (Tilly-

sur-Seules) ; enfin, il ordonna à toutes les femmes, dont les maris tenaient le parti du roi de France, de sortir de la province, sous huit jours, sous peine de prison. Cette dernière mesure avait pour objet d'empêcher que ces femmes, restées en Normandie, ne fissent parvenir à leurs maris absents une partie quelconque de leurs revenus.

En 1434, les Anglais, par la morgue naturelle de leur caractère, indisposèrent de plus en plus le pays qu'ils avaient conquis, et leur joug commença à devenir insupportable aux Normands. Quelques paroisses du canton de Coulibœuf manifestèrent leur mécontentement; le peuple le signala hautement, et alors les Anglais, loin de faire droit sur leurs plaintes, tombèrent sur les mécontents et massacrèrent une multitude, sans armes. Indigné d'une con-

duite aussi atroce, le duc de Bedfort,
fit arrêter deux chefs coupables de ces
excès, qu'il condamna à périr, trainés,
attachés à la queue de leurs chevaux.

Malgré cette punition, le mécontentement continua et se propagea. Tout
le baillage de Caen se leva en masse,
pour chasser, les Anglais de son territoire : on porte à soixante mille le nombre des hommes qui combattirent pour
repousser leurs oppresseurs.

Leur première attaque fut contre la
ville de Caen. Après un échec, essuyé
dans le faubourg de Vaucelles, les insurgés se découragèrent et se retirèrent
dans leurs foyers.

Le duc d'Alençon reconnut trop tard
qu'on avait eu tort de ne pas profiter de
cette insurrection, en faveur de Charles
VII. Il envoya, pour la soutenir, son
maréchal avec cent lances et deux cents

archers; mais les paroisses s'étaient déjà
séparées. Et ces mouvements n'abouti-
rent qu'à ravager le Cotentin, pendant
trois mois, et sans aucun profit pour la
cause du pays.

En 1449, les Français reprirent Pont-
Audemer, Pont-l'Evêque, Lisieux,
Rouen et les autres villes conquises:
un parti Français reprit aussi Condé-
sur-Noireau, et, enfin, l'année suivante,
les Anglais furent chassés de notre
contrée. Le 15 avril, l'armée Anglaise
fut taillée en pièces, à Formigny, et ces
usurpateurs furent refoulés dans leur
ile. Cette bataille délivra entièrement la
Normandie des malheurs qui pesaient
sur elle, depuis 33 ans.

Après avoir raconté au long les trois
invasions Anglaises, occupons-nous
maintenant des seigneurs de Condé-sur-
Noireau.

Comme nous l'avons vu, un seigneur de Condé-sur-Noireau, accompagna Guillaume, duc de Normandie, à la conquête de l'Angleterre, en 1066, et, un autre seigneur du même nom, ou peut-être le même qui avait aidé à Guillaume à acquérir le titre de conquérant, alla cueillir les lauriers de la Palestine, aux bords du Jourdain et du Cédron, à la première croisade, avec Robert, duc de Normandie, en 1096. Nous ne connaissons pas les noms de ces deux seigneurs; mais nous savons que cette seigneurie était anciennement du comté de Mortain. En effet, en 1082, Robert, comte de Mortain, donna à son église des dîmes et des revenus de son domaine et sur sa recette de Condé. (*Dedit idem Comes Robertus in telonio Condeti 100 solidos rotomagenses et decimas omnium quæ ibi in domanio habebat*).

Dès 1200, Jean de Préaux, en fondant l'abbaye de Beaulieu, dit qu'il cède l'aide de Condé (*auxilium de Condé*), que Jean, roi d'Angleterre lui avait donné pour ses services, dans le temps qu'il était comte de Mortain. Plus tard, la châtellenie de Condé-sur-Noireau, appartenait à Philippe II, roi de Navarre, qui avait épousé Jeanne de France. Charles II, dit le mauvais, roi de Navarre, sépara la Baronnie de Condé-sur-Noireau, du comté de Mortain, avec sa justice, pour la donner, en dot, à Blanche sa sœur, qui fut la seconde femme de Philippe de Valois, en 1349. Cette princesse en rendit aveu au roi Charles VI, en 1388. En 1396, la reine Blanche donna le château et la châtellenie de Condé-sur-Noireau à Pierre de Navarre son neveu, comte de Mortain. En 1412, le roi de Navarre hérita de

cette châtellenie, par la mort de son
frère Pierre, ainsi que des terres de
Vassy, Tracy, Saint-Vigor-des-Monts,
etc., que son frère avait acquises.
Après sa mort, cette châtellenie passa à
Jeanne de Navarre, sa sœur, épouse de
Jean 1er, vicomte de Rohan. Louis de
Rohan II, vicomte de Guéméné, et
arrière petit-fils de Jeanne de Navarre,
fit hommage à Louis XI, le 14 fevrier
1469, de ses terres de Condé-sur-Noireau,
Tracy et Vassy.

Cependant l'expulsion totale des Anglais, après la bataille de Formigny,
laissait entrevoir à notre contrée des
jours calmes et sereins, lorsque le protestantisme présagea les plus affreux
bouleversements. Nous allons raconter les
malheurs qui pèsèrent sur notre contrée,
au milieu du 16e siècle.

HISTOIRE

DE LA VILLE

DE

CONDÉ-SUR-NOIREAU.

LIVRE TROISIÈME.

DEPUIS LES COMMENCEMENTS DU PROTES-
TANTISME, EN 1560, JUSQU'A LA RÉVO-
LUTION FRANÇAISE DE 1789.

Nous arrivons maintenant à une
époque malheureuse pour la France et
principalement pour la Normandie. Les
citoyens s'armèrent les uns contre les

autres et remplirent nos contrées de deuil et de désolation, pendant plus de 30 ans.

Pendant les trois invasions Anglaises, les études furent négligées, et, l'ignorance, favorisée par le bruit des armes, poussa de tous côtés, de profondes racines. Les disciples de Calvin, en profitèrent pour répandre leurs erreurs.

Ce n'est point dans l'histoire particulière d'une ville que nous pouvons donner de longs détails sur les deux chefs des Protestants, Luther et Calvin, et faire connaître leurs erreurs. Nous renvoyons le lecteur aux ouvrages qui ont traité fort au long cette matière. Qu'il nous soit permis cependant de donner un précis sur les évènements arrivés, en Basse-Normandie, pendant les guerres de religion, au milieu du 16e siècle.

En 1558, la division des esprits résultant de l'introduction du Protestantisme, commença à se manifester, par ses premiers effets. Le peuple, accablé d'impôts, ne se montra que trop disposé à goûter les nouvelles doctrines, et, la liberté de penser, qu'on lui prêchait, le conduisit bientôt à s'attribuer aussi la liberté d'agir. Le clergé inférieur fut lui-même taxé à des décimes si exhorbitantes, que des curés, ne pouvant les acquitter, abandonnèrent leurs paroisses. Alors, des prédicants, sortis de Genève, s'emparèrent des églises délaissées et y débitèrent leurs erreurs. En 1560, des ministres Calvinistes tinrent publiquement leurs assemblées à Caen. Les croix furent mutilées, à Bayeux, pendant la nuit, ainsi que les statues qui ornaient le portail de la Cathédrale et de quelques autres églises

2

En 1561, les troubles, au sujet de la religion, continuèrent dans presque toutes les villes du royaume.

Au commencement de l'année suivante, les Ministres Protestants continuèrent, en toute liberté, leurs prédications, et se saisirent de beaucoup d'églises. Alors une grande partie des fidèles abandonna les actes et les cérémonies du culte catholique. Ennemis des innovations, les catholiques agirent avec une rigueur extrême, contre ceux qui s'en trouvèrent infectés. Les Protestants usèrent de réprésailles, et se portèrent à des extrémités incroyables.

Le 8 et le 9 mai, un rassemblement de Protestants se rua sur toutes les églises de Caen, où furent détruits, brûlés, brisés ou pillés, sans exception, les images, statues, ornements, livres. registres, chaires, orgues, vitraux peints.

Beaucoup d'églises de campagne avaient été de même pillées et dévastées. Les saints mystères furent abandonnés aux plus horribles profanations; les reliquaires brûlés et dispersés, les autels renversés, les vases sacrés enlevés, les statues et les images des saints abattus, les ornements sacerdotaux brûlés ou déchirés. Durant ce temps, les partis armés, qui tenaient la campagne, sous prétexte d'une réforme qu'ils étaient bien loin d'embrasser, se portaient à des cruautés inouies, envers les prêtres et les moines, qui avaient le malheur de tomber entre leurs mains, et qu'ils faisaient périr, par des tortures atroces. Qu'on se représente tout ce que la barbarie et l'impiété ont de plus inouï, et l'on n'aura qu'une faible idée des forfaits dont les prétendus réformés se rendirent coupables, dans notre contrée, depuis

le printemps de 1562, jusqu'à l'été de
1563.

La liberté de conscience, arrachée
par les Protestants, à Charles IX, en
1567, sembla appaiser ceux de notre
pays. Les ecclésiastiques, que la tem-
pête avait contraint de fuir, vinrent
reprendre leurs fonctions, et le service
divin fut rétabli.

Il ne faut pas pourtant s'imaginer
qu'on fût sans crainte.

Montgommery et Coulombières étaient
restés en Normandie, et ces deux chefs,
d'un caractère vif et bouillant, donnaient continuellement l'alerte. Le duc
d'Estampes et Matignon, chargés de
veiller sur eux, les faisaient souvent
disparaître des lieux où ils se montraient.
Mais, tous ces mouvements ne déci-
daient rien. Les villes et les campagnes
en étaient les seules victimes. Elles

servaient alternativement de proie à celui des partis qui avait l'avantage sur l'autre.

Après la fatale journée de la Saint-Barthélemy, la fureur des Protestants se renouvela et les livra partout au désespoir. Quoique ceux de notre pays n'eussent aucunes plaintes à faire, à ce sujet, peu touchés de cette attention, ils recommencèrent leurs hostilités. Leurs chefs étant morts en 1574, on crut toucher au terme de la paix ; mais de nouveaux troubles firent bientôt perdre cette flatteuse espérance. Outrés de ce que les Novateurs avaient obtenu le plein exercice de leur religion, les Catholiques s'engagèrent, en 1585, au péril de leur vie, à défendre la religion. Les Protestants, de leur côté, reprirent les armes, et la Normandie devint le théâtre des plus affreux désordres. Ajoutons à ces calamités les progrès rapides des maladies contagieuses, et l'on aura une idée de l'extrême misère de la contrée, dans ces temps déplorables.

Henri IV, mit bientôt fin à tous ces maux, en abjurant le calvinisme. Cette heureuse révolution éteignit le flambeau de la discorde.

Voici comment le Protestantisme s'introduisit, d'abord à Sainte-Honorine-la-Chardonne et ensuite à Condé-sur-Noireau.

Guillaume Payen, seigneur de Ste-Honorine-la-Chardonne et Suzanne Payen, sa sœur, furent les premiers qui embrassèrent le Calvinisme. Ils reçurent, chez eux, un ministre Protestant, nommé Berthelot, qui établit des prêches au bourg de Berjou, au village des Cours, au bourg de Sainte-Honorine, à la Ménardière, à la Quentinière, et enfin, à la Vallée, où a été le denier prêche des Protestants.

En 1562, les deux curés de Sainte-Honorine-la-Chardonne furent obligés d'abandonner leur paroisse, à cause des persécutions des Protestants qui se disposaient à les massacrer, s'ils avaient pu se saisir de leur personne.

Berthelot, mourut, vers 1570. Il eut pour successeur Morin, seigneur de Launay. Le troisième ministre Protestant fut Jean Lemarchand auquel succéda Jacques Gillard, qui se retira en Hollande, après la révocation de l'édit de Nantes.

« Au commencement de la réforme, « dit M. l'abbé Béziers, les Protestants « tinrent leurs assemblées à Condé. Le « comte de Flers, qui en était seigneur, « leur refusa depuis l'exercice de leur « religion, sur ses terres. Ils furent « contraints de se retirer dans le hameau

« des Isles, à Proucy, paroisse limitro-
« phe de Condé. Ce fut un des motifs
« de leurs plaintes, dans le manifeste
« qu'ils publièrent, en 1621, après
« l'assemblée de la Rochelle. Ils répré-
« sentèrent, (art. 9.) qu'ès lieux où
« ils sont en possession de faire ledit
« exercice, depuis les années 1596 ou
« 1597, où partant, ils ont, par l'édit,
« toute liberté, ils y sont troublés,
« comme...... au bourg de Condé, en
« Normandie.

« Ils bâtirent donc un temple, dans
« le village des Isles, sur le fief de la
« Purée, avec la permission des sei-
« gneurs de ce fief, suivant une sen-
« tence du 2 octobre 1621, émanée
« de la haute-justice de Thury, de
« laquelle relève le fief de la Purée. Ils
« avaient été obligés de vérifier leur
« droit d'exercice dans ce lieu, depuis
« 1593; mais cet exercice personnel

« ou de fief, ne devint réel qu'en 1629.

  « Ce fut alors seulement qu'ils com-
« mencèrent à bâtir un temple, comme
« il paraît par le procès-verbal qui en fut
« dressé, le 27 septembre, aud. an,
« et par la sentence du bailly de Thury,
« du 2 octobre suivant, qui leur permet
« de continuer ce bâtiment. Dans la
« suite, ils furent attaqués par le mar-
« quis de Thury, seigneur, haut-jus-
« ticier du fief de la Purée, sur lequel
« ils s'étaient établis, par la raison, que
« ce fief n'est qu'un quart de Hautbert.
« Mais, le lieutenant du bailli de Caen,
« par sentence du 25 août 1671, per-
« mit au sieur Jacques Radulphe,
« écuyer, de faire l'exercice, selon
« les édits, dans les fiefs des Isles et de
« la Purée, qu'il tenait du chef de
« sa femme.

  « Lors du sinode de l'église réformée
« de Normandie, assemblé à Alençon,

« le 27 avril 1671, les Protestants de
« Condé y envoyèrent M. Baubat,
« ancien, avec des lettres d'envoi, et
« les lettres de M. Marchand, pour
« l'excuser ; elles furent admises. Le
« temple de Condé fut détruit, ainsi
« que celui de Fresnes, en vertu d'un
« arrêt du conseil du 16 septembre
« 1680. »

M. Robline, curé de Saint-Germain-
du-Crioult, chargé de l'exécution de
l'arrêté, abattit lui-même la première
pierre du temple des Isles. Cet ecclé-
siastique était également distingué par
son érudition, et par ses bienfaits
envers les malheureux.

Isaac Matrouillet, curé de Condé,
ne put voir, sans avoir le cœur navré
de douleur, une partie de son troupeau
rangée sous l'étendard de l'hérésie. Il
essaya de ramener au bercail le pasteur

égaré, afin de gagner ensuite plus facilement le reste du troupeau. En 1619, il s'éleva une polémique entre lui et Jean Blanchard, ministre des Isles. Commencée d'abord par des écrits privés, elle devint publique lorsque Isaac Matrouillet en eût publié une partie des actes. Il y avait alors 25 ans qu'il était curé de Condé, dont il avait pris possession, en 1597, après avoir travaillé long-temps aux controverses en divers lieux. Il prenait aussi le titre de principal et régent du collège de Condé-sur-Noireau. Ce collège, dont on attribue la fondation à Blanche de Navarre, existait encore en 1722, et jouissait d'une grande réputation : cependant il fut bientôt abandonné. Les Protestants y ont aussi possédé long-temps un collège qui n'était pas sans quelque réputation. Ils formaient le huitième de la population, en 1684; un siècle après, leur nombre était réduit de près de moité, et, aujourd'hui, ils n'en composent pas le dix-huitème.

Cependant, l'été de 1626 vit éclore le germe d'une maladie épidémique très-meurtrière. La peste qui commença le 19 juillet et finit au mois de décembre, enleva environ 400 personnes. Une autre maladie, le flux de sang, y exerça ses ravages depuis le 25 août jusqu'au 6 décembre 1647, et fit périr environ cent habitants. Vingt-neuf ans plus tard, le même fléau se fit sentir depuis le 12 août jusqu'au 21 décembre 1676; 176 personnes furent victimes de l'épidémie

En 1674, les Protestants tinrent, à Condé, un synode provincial. M. de Colleville le présida, en qualité de commissaire pour le roi. Samuel de Brais était alors leur ministre.

Mais, revenons anx seigneurs de Condé-sur-Noireau, comme nous l'avons vu, Louis II, de Rohan, seigneur de Guéméné fit hommage de cette châtellenie à Louis XI. L'un de ses descendants, Louis de Rohan VI, comte de Montbazon et sénéchal d'Anjou, la laissa, en 1469 à Isabelle de Rohan, sa fille, qui la porta, en mariage, ainsi que la terre de Tracy, à Nicolas de Pellevé, comte de Flers. Nicolas de Pellevé eut pour successeur Louis de Pellevé, son fils aîné. Cette seigneurie passa ensuite à Pierre de Pellevé, maréchal de camp des armées du roi.

Ayant étalé un très-grand luxe et fait beaucoup de dépenses, pour se fixer à la cour du roi de France, il fut bientôt chargé de dettes et ses créan-

ciers furent sur le point de faire décréter ses biens. Pour éviter ces mesures
rigoureuses, vers 1650, il vendit sa
seigneurie de Condé à M. Leprince de
Guémené, et en redevint propriétaire,
en 1657. En 1662, M. Guy de Chaumont,
marquis de Guitry, ayant fait décréter
les seigneuries de Condé et de Flers,
en devint lui-même seigneur. Après
diverses contestations, ces deux seigneuries, passerent en 1691, à David
Chesné. qui les céda à Louis de Pellevé
petit fils de Pierre. En 1692, Jacques
Goyon, sire de Matignon, duc de
Valentinois et prince de Monaco, acheta
les seigneuries de Flers et de Condé
vendues par décret. En 1777, les ducs
de Valentinois les vendirent à M. de
Villette, qui les revendit lui-même, en
1780, à madame Cadot de Sébéville,
veuve de M. Antoine Antonin marquis

de Longaunay, de Courvaudon et de Dampierre. Elle les a possédées jusqu'à la révolution Française de 1789. Ce fut alors que cessa d'exister la seigneurie de Condé-sur-Noireau. Ce magnifique domaine aurait pu être érigé en duché-pairie, s'il n'eût toujours appartenu à des princes ou seigneurs décorés de titres plus élevés ; car les maisons de Navarre, de Rohan et de Matignon joignaient aux titres de ducs et princes celui de Rohan et de Matignon : et, ces dignités princières et souveraines effaçaient toutes les autres. Jetons maintenant un coup d'œil sur l'état ancien de Condé-sur-Noireau, avant de raconter brièvement les évènements arrivés depuis les commencements de la révolution Française de 1789 jusqu'à nos jours.

HISTOIRE

DE LA VILLE

DE

CONDÉ-SUR-NOIREAU.

LIVRE QUATRIÈME.

ÉTAT ANCIEN DE CONDÉ-SUR-NOIREAU ; DESCRIPTION DE LA VILLE, AVANT LA RÉVOLUTION FRANÇAISE DE 1789.

« Condé, dit M. l'abbé Béziers, a été
« décoré du titre de sous-bailliage, de
« vicomté et d'élection, ressortissant
« au parlement de Rouen. Ces juri-

« dictions ont été réunies depuis au
« bailliage de Vire; il ne lui reste plus
« qu'une mairie, quart-bouillon et
« et deux hautes justices, l'une ancienne
« pour le château de Condé, l'autre
« nouvelle pour le roi.

« Le Baillage de Condé est composé
« des paroisses de Condé, Brécl, Aunay,
« Bauquay, Athis, Berjou, Sainte-
« Honorine - la - Chardonne, Méray,
« Saint-Pierre-du-Regard et Coulvain.
« Les paroisses suivantes lui sont
« adjointes : Bernières-le-Patry, Ruilly,
« Maisoncelles et Ondefontaine. »

Sa châtellenie comprenait huit paroisses en entier et neuf en partie ; trente-
deux fiefs ou vavassories nobles en relevaient. Elle dépendait anciennement du
comté de Mortain.

L'ancienne haute justice étendait sa
juridiction à 16 paroisses : Saint-Pierre-

du-Regard, Athis, Bréez, Sainte-Honorine-la-Chardonne, Berjou, Méré, Proussy, le Détroit, Cahagnes, Aunay, Balleroy, Beauquay, Landes, Croisilles, Espins et les Moutiers.

Elle se composait au personnel d'un bailli-vicomtal, civil et criminel, juge de police, pour Condé; d'un lieutenant-général conseiller du roi et officier de la prévôté des monnaies; d'un lieutenant particulier, d'un procureur fiscal et d'un avocat fiscal.

Il y avait en outre, à Condé, une gruerie, qui dépendait de cette haute-justice.

Louis XIV, y créa une nouvelle haute justice qui ne fut qu'un démembrement de celles de Vire et de Vassy. Dix-huit paroisses furent placées sous sa dépendance : Cérisy-Belle-Étoile, Saint-Pierre-d'Entremont, Montsecret,

Saint-Germain-du-Crioult , Pontécou-
ant, la Chapelle-Engerbold , Saint-
Vigor-des-Maizerets , Lacy, le Plessis-
Grimoult , Danvou , Saint -Pierre -la-
Vieille, Saint-Jean-le-Blanc , Lénault ,
Saint-Marc-d'Ouilly , Cahan , Mesnil-
Hubert , Rouvrou et Perrigny.

Le bailli percevait des rentes sur les
paroisses qui relevaient de sa juridiction
et des droits de fouage et de monnéage; il
jouissait, en outre, des droits de chasse
et des autres prérogatives attachées aux
seigneurs haut-justiciers. Le fisc, les
seigneurs châtelains, et l'administration
locale avaient établi à Condé une foule
d'offices et de charges, tels qu'un bureau
de contrôle et d'insinuations, quart-
bouillon, revente du sel, bureau du
tarif, bureaux des droits municipaux,
bureau de la coutume et poids-le-roi,
bureau des consignations perception des

biens des religionnaires fugitifs, bureau des aides et de la régie des cuirs, etc.

Le château de Condé occupait un emplacement considérable : on y accédait par quatre portes, dont deux, la porte Gallon et la porte Caliar, étaient situées auprès du pont qui traverse la Druance.

« La tour du château de Condé, dit
« M. l'abbé Marie, était un superbe
« monument, qui l'emportait de beau-
« coup sur la halle à farine de Paris, si
« vantée par nos contemporains. C'était
« un cylindre, haut de 50 pieds, dont
« le diamètre intérieur était de 36 pieds,
« et le diamètre extérieur de 54 pieds,
« à cause de l'épaisseur des murs qui
« était de 9 pieds, ce qui formait une
« circonférence de plus de 160 pieds.
« Cette tour, construite en pierres de
« taille, était ornée à l'extérieur par 120

« grosses colonnes, qui s'élevaient du
« bas jusqu'à l'astragale, ou cordon,
« qu'on y voit encore ; ces colonnes
« étaient surmontées par vingt autres
« plus petites. La cime était terminée
« par des créneaux et des arcades très-
« élevées : au centre était un puits,
« qui est comblé, le bas n'avait d'autre
« ouverture que par une porte située à
« l'occident, deux fenêtres au midi, et
« une meurtrière, à l'orient. On avait
« pratiqué, dans l'épaisseur de la ma-
« çonnerie, des cachots, des latrines
« et un escalier tournant pour monter
« dans la chambre, qui était un dé-
« cagone régulier, et sur le parapet, où
« l'on pouvait commodément jouer aux
« boules. La chambre voutée avait une
« cheminée du côté du midi. Il y avait
« aux environs de cette tour différents
« chemins souterrains, dont l'un con-

« duisait à l'église, l'autre au carrefour,
« etc.

« La partie orientale de la tour croula,
« l'an 1747 ; 30 ans après, un nommé
« Lair de la Blare entreprit de l'abattre
« jusqu'à la hauteur où elle est aujour-
    d'hui : il eut toutes les peines du
« monde à en venir à bout, tant il est vrai
« que les Romains savaient donner à
» leurs ouvrages l'empreinte de l'im-
« mortalité. Les premiers décombres
« servirent à réparer les ponts, les
« écluses et les rues; les derniers
« furent employés à construire la
« prison, dans le lieu de l'ancienne
« maison du château, qui tomba en
« ruines, l'an 1771, sans écraser le
« garde qui habitait le haut, ni le con-
« cierge avec ses prisonniers, qui
« demeuraient en bas.

« La démolition de la tour devint

funeste aux volatiles, qui en étaient en
possession de temps immémorial.
L'oiseau nocturne y faisait entendre
ses lugubres cris; les moineaux y
avaient fondé une bruyante républi-
que, dont le voisinage nuisait beaucoup à nos jardins et à nos champs ;
les martinets y avaient aussi un pied-
à-terre, et passaient tous les ans la
mer pour venir nous rendre visite,
dans la belle saison ; mais ils furent
contraints, les uns et les autres,
d'abandonner les foyers où leurs aïeux
s'étaient maintenus, pendant tant de
siècles, malgré la guerre continuelle
que leur faisaient nos arquebusiers. »

Il y avait, au midi de la tour, une
porte, avec pont-levis, nommée le
corps-de-garde. Ce fut par cette porte
que les troupes de Charles VII, péné-
rèrent dans le château, en 1449.

Il fut repris, par les Français, sur les Anglais, qui en avaient été maîtres, pendant 51 ans. Le château de Condé, dont on voit encore les ruines, près de l'église Saint-Sauveur, était alors en état de défense, comme il l'était encore, dans le seizième siècle, tandis que le duc de Montpensier était lieutenant-général de la Normandie.

Charles de la Broyze, sieur de la Plantine, était capitaine - gouverneur du château et bourg de Condé. Le 13 juin 1582, il nomma son lieutenant, au gouvernement du même château, Jacques Deprépetit, écuyer, sieur de la Turquaizière, pour sa bonne conduite, diligence, hardiesse et vaillance.

Louis de Rohan-Guéméné, comte de Montbazon, seigneur de Condé, écrivit une lettre, le 15 avril 1585, à M. de la Turquaizière, capitaine à Condé-sur-Noireau. Quand M. Deprepétit reçut sa commision de lieutenant, ce château était menacé d'un siège, par le baron de Verrier, seigneur de Vassy, qui en était éloigné de deux lieues. Pierre Deprepétit, mort en 1711, sieur de Saint-Pierre, fut le dernier gouverneur de Condé-sur-Noireau et du château de ce bourg.

Avant l'année 1789, quoiqu'il y eût, à Condé, deux églises : Saint-Martin et Saint-Sauveur, il n'y avait cependant qu'un curé résidant à Saint-Martin, qui était l'église paroissiale. Il était aidé, dans ses pénibles fonctions par deux vicaires, et un autre desservait Saint-Sauveur, avec deux prêtres obitiers, et l'office était célébré, dans cette ancienne chapelle du château, avec la même solennité que dans l'église paroissiale. Il y avait aussi un

2.

prieur, à l'hopital, qui était indépen-
dant du curé. Jusqu'en 1780, il célébrait l'office dans la chapelle de l'hos-
pice, qui ayant menacé de tomber en
ruines, fit retirer le prieur à Saint-
Sauveur. Cet état de choses continua
jusqu'en 1794, où les églises furent
fermées et livrées à des usages profanes.

L'église Saint-Sauveur formait autrefois la chapelle du château, mais dans
une dimension beaucoup plus petite.
C'était une église à campanilier, comme
on en voit encore dans quelques endroits;
on pouvait s'y rendre du château, par
un souterrain. Elle reçut de grandes
augmentations, après la révocation de
l'édit de Nantes, et, le désir d'y placer
trois cloches, entraîna la dépense d'un
clocher. De nouvelles augmentations y
furent faites, en 1772 et 1776. La nef
ne fut parée qu'en 1785.

L'église Saint-Martin, est située à l'extrémité du faubourg de ce nom, sur la route de Tinchebray.

On y fit de grandes réparations, en 1778 et en 1779. Elle n'était pas entièrement pavée, avant cette époque. Les amateurs arrêtent leurs regards, avec intérêt, sur les vitraux du chœur qui réprésentent la passion de N.-S.-J.-C.

Indépendamment de ces églises, trois autres édifices y étaient ouverts au culte, sous la dénomination de chapelles.

La chapelle de la Maladrerie, ou de Saint-Lazare, sur la route actuelle de Caen, route qui fut commencée en 1767. C'était, ainsi que son nom l'indique assez, un établissement hospitalier. La reine Blanche lui accorda des terres, avec le droit de havage.

La chapelle Saint-Jacques, qui n'existe plus remontait à l'année 1719.

Celle de l'aumônière fut consacrée le 29 Mai 1705.

Fondé vers le milieu du 12ᵉ siècle, l'Hôtel-Dieu était anciennement situé auprès du Pont; à la fin du 17ᵉ siècle, on l'avait transféré dans la Grand'rue.

Les Protestants tinrent des assemblées, à Condé, dès le commencement de la réforme, c'est-à-dire, dans les premières années du seizième siècle. Ils furent ensuite contraints de se retirer au hameau des Isles, où ils élevèrent un temple, en 1629. Ils tinrent, à Condé, un sinode provincial, en 1674. Vers l'époque de la révocation de l'édit de Nantes, la ville et ses dépendances ne comptaient que 581 familles. En 1776, le nombre en fut porté à 940. Cependant, la popula-

tion ne s'élevait pas encore à trois mille
habitants, à l'époque de la révolution
Française de 1789.

« C'était un ancien usage, dit M.
« l'abbé Guillaume Marie, au pont de
« Montilly, de se disputer, tous les
« ans, le jour du Mardi gras, une
« pomme de discorde, appelée *Soulle* ;
« elle était faite de morceaux d'étoffe,
« de la grosseur et de la forme d'un
« boulet de 24, fleurie de rubans de
« toute couleur. Les athlètes de Condé,
« osaient seuls la disputer aux paysans
« de Montilly, de la Bazoque et de
« Caligny, qui venaient y signaler leur
« courage. Les vainqueurs l'emportaient
« chez eux, en triomphe, c'était pres-
« que toujours nos Condéens. Ils l'ex-
« posaient dans le carrefour, le jour de
« Marché, aux yeux des vaincus, en
« criant pour les huer : *à la bouillie*,

« *à la bouillie.* Il n'y avait pas d'année
« qu'il ne restât des blessés sur l'arène;
« mais, en 1770, M. le comte d'Oléan-
« çon proscrivit très-sagement cet amu-
« sement dangereux, que Charles V,
« roi de France avait autorisé, 400
« ans auparavant, dans son ordonnance
« de 1370. »

« On avait aussi coutume, dans l'oc-
« tave du Saint-Sacrement, de jeter
« dans le carrefour de Condé, des
« balles nommées *Éteux*, pour amuser
« le peuple qui se les disputait, et cet
« usage a cessé avec celui de la *Soulle*,
« à cause des mêmes raisons. »

Parmi les franchises, dont jouissait
la ville, on compte :

1°. Le droit de Bourgeoisie, qui dis-
pensait de payer le droit de treizième au
seigneur, lorsque l'on faisait une vente,

mais seulement quatre deniers de coutume. Ce droit autorisait les Condéens
à élire leurs maires et et échevins ; à
délibérer en assemblée générale sur le
mode de perception des impôts que la
ville devait payer.

2°. Le droit de chasser, sans fusil,
mais avec un bâton blanc, aux chiens
courants, sur toutes les terres de Condé ;
de pêcher dans le Noireau et la Druance,
à la ligne et avec des filets à mailles
d'un pouce carré.

3°. Le droit de passer librement, et
sans rien payer, sur divers ponts, dépen-
dants de la seigneurie de Condé, où
était établi un péage coutumier, pour
l'entretien et la réparation de ces ponts.

Les bourgeois de Condé avaient aussi
le droit d'étaler toutes les marchandises
et les viandes, sous les halles couvertes.

Ils étaient exempts de la rétribution de quatre deniers, par chaque étalant, pour chaque jour de marché fixé aux lundi et jeudi de chaque semaine.

Avant la révolution Française de 1789, le commerce de Condé consistait en lingetterie, filandrie, tannerie, chapellerie, maquignonnerie. La coutellerie de cette ville, si vantée par les géographes, était tout-à-fait tombée et se réduisait à un seul ouvrier.

Quoiqu'en dise M. l'abbé Marie, Condé ne méritait guère, avant 1789, le titre de ville que lui donne pompeusement son historien. M. l'abbé Béziers lui-même ne lui donne que le nom de bourg. Ce ne fut qu'en 1776, qu'on prit des mesures pour défendre de couvrir les maisons en paille : on ne commença à paver les rues qu'en 1779. Aucune disposition n'avait

ncore été faite dans l'intérêt de la
sureté publique ni de l'embellissement ;
ce ne fut qu'en 1782, qu'on s'y procura
une pompe à incendie.

Le débordement des eaux des deux
rivières, qui l'arrosent, était d'ailleurs
un grave inconvénient. Les inondations
étaient fréquentes, dans les parties
basses de la ville, avant qu'on eût
exhaussé le pavé des rues.

On n'avait pris aucune précaution
pour l'écoulement des eaux, et,
comme elles demeuraient long-temps
stagnantes dans les rues, on n'avait
pas trouvé de meilleur moyen pour se
rendre d'un bord à l'autre que de faire
la traversée dans des cuves.

Aucun réglement sur la voirie, ni
sur la salubrité publique ne prévenait les
inconvénients qui pouvaient résulter de
cette négligence. Les rivières et les rues

étaient encombrées d'immondices. En un mot, la ville était dans un état de malpropreté dégoûtante.

La Druance et le Noireau en se débordant subitement venaient se réunir dans la seule rue qui servait de communication entre la partie du nord et la partie du midi. Le centre de la ville se trouvait fréquemment inondé et cette rue principale était dans un état de dégradation inconcevable. L'eau y stagnant les trois quarts de l'année, il n'était pas rare de voir toute communication interrompue entre le nord et le midi de la ville. Pendant les meilleurs temps de l'année, les Condéens à pied, pour éviter de se mouiller, se voyaient réduits à passer sous des porches qui bordaient les deux côtés de la rue du Vieux-Châtel. Dans les autres rues, où il n'y avait point de pavé, le passage n'offrait pas plus d'agréments

Le défaut d'alignement des maisons, et les rues tortueuses et étroites, contribuaient aussi beaucoup à rendre la ville incommode et même désagréable à la vue.

Le pont, sur la Druance, était masqué, de chaque côté, par de petites maisons en ruines et offrait le coup-d'œil le plus désagréable. Ce pont était même tellement étroit que les charretiers dégradaient, en passant, la couverture des maisons, avec leurs charriots rustiques. Quoique d'une construction très-solide, ce pont avait été tellement encombré par les sables que ses six arches ne suffisaient pas à l'écoulement des eaux, dans les crues extraordinaires : ce qui causait des débordements dans les rues.

Le pont de la Roque offrait les mêmes inconvénients : alors, les eaux,

C

en se débordant dans les rues, les rendaient impraticables.

Tel était l'état de la ville en 1789 ; nous allons la voir s'agrandir s'embellir, et sa population augmenter de plus de moitié par le commerce qui deviendra très-florissant.

HISTOIRE

DE LA VILLE

DE

CONDÉ-SUR-NOIREAU.

LIVRE CINQUIÈME.

DEPUIS LA RÉVOLUTION FRANÇAISE DE 1789 JUSQU'A NOS JOURS.

Nous n'entrerons point dans de longs détails sur la malheureuse époque où nous arrivons. De grands changements s'opérèrent ; mais souvent, hélas ! au prix de forfaits qui font frémir d'horreur.

Nous ne ferons qu'effleurer rapidement
la narration des faits, parce que ces
divers changements furent communs à
toute la France.

Pendant les premiers mois de l'assemblée des Etats, des lois furent por-
tées sur l'abolition de la Gabelle, des
dîmes, des exemptions, des tailles, etc.
Peu de temps après, le régime municipal fut changé. Un maire électif, avec
un Conseil municipal électif, remplacèrent les syndics, dans chaque paroisse.
Il y eut, à la même époque, un procureur de la commune. Ce nouveau fonc-
tionnaire, également électif, était chargé
spécialement de défendre les intérêts et
de poursuivre les affaires de la commune.

Au mois de Janvier 1790, les anciennes divisions provinciales du royaume
furent supprimées, et tout le territoire
de la France se trouva partagé en 83

départements. L'antique province de Normandie se vit alors dépouillée de son beau nom, et, son sol forme à lui seul cinq des Départements nouveaux. Condé-sur-Noireau fut enclavé dans celui du Calvados. On donna le nom de District à chaque subdivision, dans les départements. Les districts furent subdivisés eux-mêmes en Cantons, partagés en Communes.

La division par départements et par districts s'appliqua non-seulement aux affaires administratives, mais encore aux affaires judiciaires, et même en peu de temps, aux affaires ecclésiastiques.

Dès le mois d'août 1790, les baillages furent supprimés, et les Tribunaux de district les remplacèrent. Les Justices de paix furent encore établies, par la même loi. Il y en eut une pour chaque

canton : chacune eut un juge électif.
Enfin, les circonscriptions d'évêchés
furent aussi changées, et Condé-sur-
Noireau continua de dépendre de celui
de Bayeux.

C'était en moins d'une année que
toutes ces grandes mutations s'étaient
opérées et la face des choses se renou-
velait rapidement. Encore deux années,
et il ne devait plus exister, en
France, aucune des institutions que les
états généraux y avaient trouvées, à leur
installation.

En 1793, l'intérieur de la ville était
le théâtre de scènes bizarres et tumul-
tueuses. La religion chrétienne ayant
été abolie, de nouvelles cérémonies y
furent substituées. L'église où l'on avait
adoré la très-sainte Trinité fut convertie
en Club ; l'hymne des Marseillais rem-
plaçait le cantique de Sion, et l'on

voyait le disciple de Marat s'asseoir à la place du ministre de J.-C., dans la chaire de vérité. Dans les rues, sur les places, au milieu des promenades publiques, on célébrait des fédérations, des fêtes de la patrie, des festins patriotiques. Des pompes triomphales traversaient la ville et offraient, à tous les regards, des spectacles inusités. Le peuple paraissait, en un mot, plongé dans l'ivresse, ou dans le délire. Toutefois, au milieu de ces extravagances, si quelques Condéens furent faibles et ridicules, du moins ils ne se montrèrent jamais cruels.

ÉTAT ACTUEL

DE LA VILLE

DE

CONDÉ-SUR-NOIREAU.

VIEUX-CHATEAU.

Les ruines de la vieille tour du Château que l'on voit encore au nord de la ville, près de l'église Saint-Sauveur, ont en partie échappé au marteau des démolisseurs, pendant la tourmente révolutionnaire. Les murs ont environ trois mètres d'épaisseur et dix de hauteur. Les souterrains, par lesquels on communiquait avec l'extérieur, subsistent encore en partie. C'est par erreur, que le bon et respectable abbé Marie, attribue aux romains ce monument du moyen-âge. Pour nous, nous sommes convaincu que c'est un édifice de l'onzième siècle ou au plus tard du douzième.

MONUMENTS RELIGIEUX.

L'église Saint-Sauveur, à côté des ruines du château, nous paraît aussi de la même époque, mais, dans une dimension beaucoup plus petite.

Intérieurement, elle a 33 mètres de long et 7 de large. Les bas-côtés, qui s'étendent dans toute la longueur de l'édifice, ont trois mètres de largeur. La fenêtre qui éclaire l'extrémité du chœur et les arcades, qui séparent le chœur des bas-côtés, sont du roman de transition. Cet édifice serait assez régulier, s'il n'était défiguré par une tribune qui règne sur la nef et ses bas-côtés.

A l'extrémité de la nef, on admire une magnifique Coquille placée sur un piédestal triangulaire d'un très-beau travail. Elle sert de bénitier et n'a pas moins d'un demi-mètre de largeur, mais sa longueur est un peu plus étendue. On y lit cette inscription : CETTE COQUILLE A ÉTÉ DONNÉE PAR M. LE CONTRE-AMIRAL DUMONT-DURVILLE, A L'É-GLISE SAINT-SAUVEUR DE CONDÉ, 1842.

La nef ne fut pavée qu'en 1785. L'extrémité est couronnée par un dôme du plus mauvais goût, surmonté d'une lanterne, en bois, dont la hauteur surpasse l'édifice d'environ dix mètres.

L'église Saint-Martin située au midi de la ville, a environ 28 mètres de long ; la nef à 9 mètres de large et le chœur 6.

Les bas-côtés, qui règnent seulement
autour du chœur, ont 5 mètres de
large.

Au nord du chœur, on remarque des
arcades bouchées et à plein cintre,
ainsi que des fenêtres ogivales. L'arc à
l'entrée du chœur, est un grande ogive
du roman de transition ; l'extrémité est
éclairé par une magnifique ogive
du style flamboyant et partagée par
deux menaux. On y admire de beaux vitraux peints, qui représentent la passion
de J.-C. Ces vitraux sont incontesta-
blement de la fin du 16ᵉ siècle, ou du
commencement du 17ᵉ; car, on y voit
les portraits et les armoiries de Nicolas
de Pellevé, seigneur de Condé et d'Isabelle de Rohan, qui contractèrent
mariage en 1593. Les deux fenêtres,
qui éclairent les bas-côtés, à l'orient,
sont du style ogival flamboyant. L'autel

en marbre grisâtre, est d'un mauvais
goût. Deux gradins et un tabernacle de
marbre blanc y ont été placés il y a
quelques années. La porte de l'extrémité de la nef, et la fenêtre qui la
surmonte, sont ogivales. Le clocher
s'élève, au nord, entre le chœur et la
nef ; la hauteur du corps carré est
d'environ 15 mètres. Il n'offre de remarquable, sur chaque face, qu'une fenêtre
de transition. Le corps carré, dont
chaque face forme un pignon, est
surmonté par une flèche octogone, en
bois, recouverte d'ardoises, d'environ
huit mètres d'élévation. En résumé,
la construction primitive de cet édifice
remonte à l'onzième siècle. On y fit
de grandes réparations, en 1778 et
1779 elle n'était pas même alors entièrement pavée.

Indépendamment de ces églises, on

trouve encore, à Condé, une chapelle, sous l'invocation de Notre-Dame de Bon-Secours. Elle est bâtie à peu de distance de l'emplacement de la chapelle de la Maladrerie, au bord de la route de Caen, avec les offrandes généreuses des Condéens, et par les soins de M. Degron, alors vicaire de Saint-Sauveur et actuellement curé de Meré.

Le 13 janvier 1826, on posa la première pierre du temple Protestant, élevé en vertu d'une ordonnance royale du 5 octobre 1825.

HOTEL-DIEU.

L'Hôtel-Dieu, fondé au milieu du 12e siècle, était autrefois situé auprès du Pont : à la fin du 17e siècle, on l'avait transféré dans la Grand'rue, il

est actuellement placé près l'église
Saint-Martin. Les vieillards et les infir-
mes y trouvent un soulagement à leur
misère, dans le dévouement de deux
religieuses de la communauté de Séez,
attachées à cet établissement.

PENSIONNATS
ET ÉCOLES COMMUNALES.

Un Pensionnat communal fut établi,
en 1826, sous la direction de M. Galant.
Situé entre les rues aux Moutons et
Bosny, il est auprès de la maison
qu'occupait l'ancien collège anéanti en
1722. Les élèves y font leurs humanités
jusqu'à la quatrième inclusivement.

En 1829, M. Bertrand succéda à M.
Galant, il a donné sa démission en
1840. Le principal actuel est M. Gautier.

Comme la plupart des élèves, qui

commencent leurs études dans ce pensionnat, vont les terminer au collège royal de Caen, on se conforme, pour les diverses branches de l'enseignement, au programme adopté dans ce collège, afin que ces élèves puissent suivre les cours avec succès.

En 1836, une École primaire supérieure y fut adjointe. Un professeur de Dessin linéaire est aussi attaché à l'établissement.

Il existe encore quatre Écoles primaires, pour les garçons.

En 1817, M. Bouffey, curé de Saint-Sauveur, obtint l'établissement des Sœurs de la providence, pour l'instruction des jeunes filles.

Deux Pensionnats pour les jeunes demoiselles ont été établis depuis 1830.

Il existe encore deux autres Écoles pour les filles, sur la paroisse Saint-Sauveur.

M. Suriray, curé de Saint-Martin, a obtenu, en 1843, des Sœurs de la Providence, pour l'instruction des jeunes filles du faubourg Saint-Martin.

ÉTABLISSEMENT DE L'ÉCOLE DES SOURDS-MUETS.

M. Charles Dudesert, originaire de Condé, fonda un établissement de Sourds-Muets qui a subsisté environ deux ans, de 1828 à 1830. Le nombre des élèves des deux sexes ne s'élevait pas au-dessus de quinze. Rivale un instant du Bon-Sauveur, cette institution n'a pu survivre à son fondateur.

SŒURS DE LA MISÉRICORDE.

Le 8 octobre 1836, six Sœurs de la Miséricorde, furent envoyées de Séez, par M. Bazin, fondateur et directeur de cet établissement, afin de soigner les pauvres malades et leur procurer tous les secours spirituels et temporels.

INTRODUCTION DE L'IMPRIMERIE

A CONDÉ.

M. Jean-Pierre Auger, originaire de Condé, obtint son brevet d'Imprimeur en lettres, en 1829, et celui de Lithographe, en 1834. Depuis cette époque ses presses sont continuellement en activité. Il nous a engagé à faire l'histoire de sa ville natale, et s'est chargé d'en faire l'impression.

HALLES AUX GRAINS, PONTS, RUES ET PLACES PUBLIQUES.

M. de Longaunay, privé des droits seigneuriaux, en 1790, conserva cependant la propriété des bâtiments destinés à la tenue des audiences, à la prison, à l'étalage des viandes et des marchandises. Privée de bâtiments, qui lui étaient indispensables, après la levée du sequestre et la réintégration de M. de Longaunay dans ses biens, la ville acheta de lui la maison de dépôt, la maison de ville, la salle des audiences pour le tribunal de commerce et la justice de paix.

En 1821, M. de Longaunay lui vendit encore les anciennes boucheries, les halles aux toiles et aux marchandises.

En 1821 et 1837, la ville acheta aussi de deux particuliers les maisons voisines. Désirant faire construire une halle aux grains, une halle aux toiles. une mairie et un tribunal de commerce. on résolut de raser les anciennes Halles et on ouvrit une souscription, qui fut remplie dans trois jours, surtout par les commerçants. Ce magnifique bâtiment a été construit en 1836 et 1837, par M. Deschamps, entrepreneur, sur les plans et devis de M. Malhère, architecte de la ville, et sous l'administration de M Deprepetit, maire.

Après la destruction de l'ancienne boucherie, la ville en fit construire une nouvelle en 1837, le long de la rivière près le Pont.

Les places publiques de Condé ne méritent aucune mention; ce sont pour la plupart des carrefours étroits dont le sol est incliné et inégal.

Il faut en excepter toutefois le Champ de Mars, autrefois le Champ St.-Gilles, où se tiennent les foires, et qui, par son étendue et sa situation, est parfaitement approprié à cet usage. Des rangs d'arbres plantés tout alentour forment des promenades publiques, qui le rendent très-agréable, sans nuire à sa destination.

Les principales rues de Condé sont celles de Saint-Jacques, de la Poissonnerie, du Vieux-Château, de la Croix-Bardel et du faubourg Saint-Martin. Les trois premières forment dans la ville, avec le carrefour qui est en face l'église Saint-Sauveur, le prolongement de la route royale de Falaise à Vire. Plusieurs rues latérales plus ou moins étroites et irrégulieres, viennent y aboutir, telles que la rue aux Moutons, la rue de la Douve, la Grande et la Vieille rue.

A l'extrémité de la rue du Vieux-Château, on prend, à gauche, la rue de la Roque, et à droite celle de Vire.

M. Loysel-Durandière, négociant, vient d'ouvrir dans sa propriété deux rues, dont l'une, dite rue de Pontécoulant, communique de la grande voirie au Champ de Mars, et l'autre, dite rue Loysel, aboutit à la rue Dumont-Durville. La maison où est né ce célèbre navigateur se trouve dans cette dernière rue.

Les Ponts sont au nombre de trois. Le premier situé sur la Druance, entre la rue de la Poissonnerie et celle du Vieux-Château; a été reconstruit, par

le gouvernement, en 1857 ; il fut livré
au public, le 26 octobre ; M. Target,
préfet du Calvados, et M. Lemansel,
sous-préfet de Vire, y passèrent les
premiers. Les travaux ont été exécutés
par M. Fontaine, entrepreneur. M.
Pattu, ingénieur en chef du Calvados
voulait, par économie, le faire construire
en bois. M. Fontaine offrit de le faire,
en pierres, pour le même prix. Malgré
cette offre généreuse, M. Pattu n'en
persista pas moins dans sa résolution
de le faire en bois, quoique bien moins
solidement. Au milieu de cette diver-
gence d'opinions, il ne fallut rien moins
que toute la fermeté et l'énergie de M.
Deprepetit, maire, pour réussir à faire
exécuter le projet de M. Fontaine. Cet
honorable magistrat ne balance pas un
instant, il va trouver, à Paris, le ministre des travaux publics et fait préva-

loir son opinion. C'est donc au zèle et
à la fermeté de M. Deprepetit et de M.
Fontaine que les Condéens sont rede-
vables de posséder un pont aussi solidement qu'artistement confectionné.

Le second, celui de la Roque, situé
sur le Noireau, sert de communication
entre la ville et Saint-Pierre-du-Regard.
Il a été reconstruit, en pierres, aux
frais de la ville et de cette commune,
en 1841, sous l'administration de
M. Alexandre-Lamotte, maire actuel.
M. Malhère en a été l'architecte et M.
Delosier l'entrepreneur.

Si M. Deprepetit, maire, n'eut
pas l'honneur de voir terminer le pont
de la Roque, sous son administration,
il a eu au moins la gloire d'avoir fait
toutes les démarches nécessaires à cette
construction de première nécessité.

Le troisième, appelé le Pont des Chaillouets, a été élevé sur la Druance, en 1832, aussi sous l'administration de M. Deprepetit.

Depuis la fin de l'Empire, l'administration s'est occupée, avec une certaine persévérance, de la police intérieure, qui aurait dû être, dans tous les temps, l'objet de ses premiers soins. En 1822, le plan de la ville, levé par M. Després, géomètre, fut approuvé par une ordonnance royale, et, depuis cette époque, les constructions ne sont faites que d'après l'alignement fixé.

Au reste, le zèle éclairé de l'administration a obtenu, depuis 1830 surtout, d'importantes améliorations. Condé s'agrandit et s'embellit d'une manière remarquable ; ses rues, autrefois sales, étroites, tortueuses, sont entretenues avec plus de soin, et commencent à être soumises à des alignements réguliers; d'élégantes maisons s'y élèvent; de nouvelles communications sont ouvertes: une fort-belle rue rattache ajourd'hui à la ville l'église Saint-Martin qui, en était naguères encore tout-à-fait isolée.

Pour peu que cet état prospère dure encore un demi-siècle, on peut prédire que Condé deviendra une des principales villes du Calvados.

Occupons-nous maintenant du Commerce de Condé-sur-Noireau : signalons ses progrès, depuis le commencement du dix-neuvième siècle jusqu'à notre époque.

COMMERCE.

Vers la fin du 18ᵉ siècle, la Chapellerie et la Coutellerie, dont parlent les anciens dictionnaires, étaient à peu près nulles, la Tannerie et la Mégisserie se sont soutenues.

Le commerce de Condé consistait principalement en fils de lin et de chanvre, écrus, achetés dans la Bretagne et confectionnés en chaînes pour être vendues à la halle d'Yvetot.

Le commerce des cotons leur succéda; d'abord on les faisait filer à la main, dans les campagnes aux environs d'Aunay, ensuite vinrent les petites mécaniques ou Jenny, remplacées par les Mull-Jenny et les Continus.

La situation avantageuse de Condé au confluent de deux rivières, dans lesquelles une troisième (*La Vère*) vient se jeter à deux kilomètres de distance en aval, permit d'établir des usines hydrauliques qui ont été perfectionnées. Des ateliers de construction

pour les métiers ont été créés; les éta-
blissements pour la teinture, le blan-
chiment et l'apprêt des cotons se sont
accrus en proportion des besoins; les
fabricants ont eu le bon esprit de ne
pas introduire la fraude dans la fabrication, leur persévérance dans cette
voie, en maintenant la réputation de
la fabrique, assurera l'écoulement de
ses produits.

Nous avons sous les yeux un rapport
statistique fait à la société littéraire de
Condé, le 6 mars 1827, duquel il résulte
qu'à cette époque huit cent mille kilogrammes de coton étaient préparés et
filés annuellement par vingt-six filatures
hydrauliques et trois manéges établis à
Condé et dans les environs.

La fabrique du lieu employait un
cinquième de ce produit, le surplus
était exporté à Flers, Laval, le Mans,
Bessey et la Bretagne.

On fabriquait annuellement à Condé et dans les communes environnantes 24,500 pièces, de 80 à 100 mètres l'une, de tissus en coton, sous les dénominations de reps, croisés, retords, etc. On évaluait à 4,835 le nombre des ouvriers, hommes, femmes et enfants occupés à ce travail et repartis ainsi dans chaque branche :

Filature,	1,550.	
Fabrique,	3,125.	4,835.
Teinture,	80.	
Construction de métiers	80.	

Il existait alors une filature de Laine Mérinos qui, depuis, a été convertie en une filature de Coton.

Maintenant 40 filatures hydrauliques dont deux ayant des pompes à feu auxiliaires, plus deux usines ayant pour uniques moteurs des pompes à feu, produisent annuellement deux millions quatre cents mille kilogrammes de coton filé, ou par jour ouvrable huit mille kilogrammes.

Condé et les communes environnantes employent annuellement un million de kilogrammes, pour la fabrication de cent mille coupes de tissus de toutes sortes, à raison de 70 mètres de longueur et de dix kilogrammes de pesanteur, en moyenne : les communes figurent dans ce chiffre pour les deux cinquièmes. Ces marchandises sont exportées dans les anciennes provinces de Bretagne de Bourgogne, L'anjou, le Berry, le Poitou, la Guyenne, etc. On commence à en expédier en Algérie. Les cotons qui ne sont pas employés par la fabrique de Condé et des communes voisines, le sont, pour la majeure partie, par celle de Flers, et pour le surplus par celles de la Ferté-Mâcé, Mayenne, Laval, etc.

Six maisons de commission reçoivent
en outre en consignation et vendent
annuellement tant à Condé qu'à Flers
six cents mille kilogrammes de cotons
filés, la majeure partie par des continus,
provenant des filatures de Gonneville
(Manche), Rouen, Brionne, Lisieux,
Caen, Falaise, etc.

Un établissement important, récemm-
ent formé rue Saint-Martin, par MM.
Lefournier-Lamotte père, fils et Dufay,
mérite une mention toute particulière.

On y fabrique avec une rare perfection
le Linge de table, Damassé en fil,
Damas soie et laine pour ameublements
et Damas tout coton.

Les ouvriers employés à ce genre d'in-
dustrie, tant dans l'intérieur de l'établissement qu'au dehors, pour la teinture et pour le tissage, sont au nombre
d'environ deux cents.

POPULATION,

Comme nous l'avons dit plus haut en 1674, la population agglomérée ne s'élevait qu'à trois mille âmes : elle est maintenant de plus de six mille.

L'accroissement de la population de cette ville, est dû au développement de son commerce et à l'ouverture des routes royales et départementales, a des lignes de grande communication et de chemins vicinaux, qui procurent des communications promptes et faciles avec les villes de Caen, Vire, Domfront, Mortain, Flers, Angers et Falaise. Chaque jour, la ville est traversée par douze voitures publiques. D'autres grandes lignes de communication, l'une avec Bayeux par le Plessis-Grimoult et Aunay, une autre avec Argentan et la troisième avec Briouze, sont en confection et seront bientôt livrées au public, et il serait désirable que toutes les communes du canton eussent aussi une route directe avec le chef-lieu par Pontécoulant.

FOIRES ET MARCHÉS.

Il se tient à Condé plusieurs Foires, notamment celle du Grand-Jeudi, de la Mi-Carême; la foire Fleurie; celle des Rogations; celle du Saint-Sacrement; la foire Saint-Gilles, qui commence le premier septembre et dure huit jours; et la foire St.-Martin.

Les Marchés s'y tiennent le Lundi et le Jeudi de chaque semaine.

CURÉS DE SAINT-SAUVEUR.

Avant l'année 1792, Saint-Sauveur n'était qu'une succursale et St.-Martin était l'église principale ou l'église matrice de Condé. En 1802, après le concordat, elle fut érigée en église paroissiale, et Saint-Martin ne fut plus qu'une annexe de Saint-Sauveur. Voici les noms des Curés de cette paroisse, depuis son érection en cure :

Bouffey, Jean-Jacques, né à Villers-Bôcage, ancien curé de Saint-Aignan-le-Malherbe, curé en 1802, mourut le 29 Mars 1818. Il avait été choisi pour curé de Saint-Étienne de Caen ; mais, son humilité lui fit refuser de si grands honneurs.

Lefournier, Guillaume, né à Condé, ancien prieur de l'abbaye du Val, et desservant de Meré, lui succéda et mourut le 9 septembre 1830.

M. Vautier, Jean, né à Vassy, curé d'Aunay et chanoine-honoraire de Bayeux, prit possession en 1830, et gouverne encore, avec zèle, cette paroisse : il est aussi doyen du canton.

CURÉS DE SAINT-MARTIN.

Souillard, Christophe, en 1573.

Graindorge, Jacques, mort en 1613.

Matrouillet, Isaac, de 1613 à 1628.

Stainhuret, donna sa démission, vers 1630, et occupa ensuite une chaire de philosophie, à Caen.

Leboucher, Julien, promoteur de Domfront, [fut transféré à la Haute-Chapelle.

Simon, Julien, docteur en Théologie, ancien curé de Clichy, près Paris, mort en 1661.

Pothouin, Philibert, bachelier en Théologie, aumônier du roi, mourut en 1669.

De Poilvilain, Henri, vers 1662, mort en 1674.

Levaillant, Robert, bachelier, docteur de la faculté de Sorbonne, licencié aux lois, de 1674 à 1707, où il mourut âgé de 80 ans.

Dubois, Gabriel-Philippe, sieur de Saint-Quentin, de 1707 à 1750, époque de sa mort.

D'Arclais, Louis, sieur de Montamy, donna sa démission en 1756.

Bourgeois, Jacques-Noël, bachelier en Théologie, chanoine de Crespy-en-Valois, fut le dernier curé, jusqu'en 1792.

En 1840, Saint-Martin fut érigée en succursale; cette paroisse a pour curé :

M. Suriray, Louis-Auguste, né à Viessoix, chanoine de Bayeux, ancien supérieur du petit Séminaire de Lisieux et principal du collège de la même ville, où il a professé pendant plusieurs années la Rhétorique et la Philosophie. Il fut installé, en cette même année, et gouverne encore cette paroisse.

BAILLIS.

Jean Gaipes, vicomte, en 1469.

Gervais Lemarchand, révoqué en 1552.

Gilles Davoult.

Louis Dupont.

Nicolas Dupont, sieur du Breuil.

Jean Bain, écuyer, en 1597.

Pierre Dupont, écuyer, seigneur de Ronfeugeray-Garancière.

Jacques de Croisilles, sieur des Fosses, en 1606.

Nicolas Lemouton, sieur de Launay, mort en 16 6.

Paul Lefêvre, sieur du Fang, en 1618.

Pierre Guerard, sieur du Guay, en 1626.

Nicolas Cœurdoux, sieur de la Chapelle, en 1626.

Gervais Cœurdoux, sieur de Beaupré, mort en 1654.

Charles de Prépetit, sieur de Grammont, mort en 1660.

Isaac de Prépetit, sieur de Cahan.

Charles Martin, mort en 1700.

Julien Roullin, en 1701.

Nicolas de Sainte-Marie, sieur du Meslay.

Gabriel-Joachim Dandelle de Soulligny, sieur de la Moissardière.

De Moulin de Grandchamp.

Michel-Joseph Aubin, qui fut le dernier jusqu'en 1792.

NOTAIRES ET TABELLIONS.

Jusqu'au 16e siècle, il n'y avait que les ecclésiastiques et les hommes de justice qui sussent écrire. Pendant le

D

moyen-âge , les contrats n'étaient point
signés , souvent point datés et passés
seulement , en présence de témoins ,
sans le concours ni de magistrats ni de
notaires. Les chartres furent rédigées ,
en latin , jusqu'au 13° siècle , et sont ,
en général , très courtes. Les ducs de
Normandie ne savaient point écrire ,
les seigneurs de leur cour n'étaient pas
plus lettrés. Ils apposaient leurs sceaux
sur les chartres, ou faisaient une croix ,
au bas de laquelle le clerc écrivait le
nom du souscripteur. Ce fut au commencement du 14ᵉ siècle , que l'institution du garde du scel et celle des
Tabellions   parurent   prendre   une
forme stable.

Le mot de Tabellion , vient de *Tabula*
ou *Tabella* , qui signifiait ces tablettes
enduites de cire , dont on se servait

autrefois, au lieu de papier ou de parchemin.

Les Tabellions, d'abord, rédigeaient les actes pour les parties requérantes, sans en conserver ni registres, ni minutes. Leurs clercs ou écrivains s'appelaient Notaires, parce qu'ils n'écrivaient que par notes et abréviations. Jusqu'en 1300, leurs actes ou chartres, étaient ordinairement en latin, écrits sur de petits carrés de parchemin, la plupart sans date. Alors, on faisait mention de plusieurs témoins et l'on scellait la chartre du scel, ou sceau des contractants. Chacun avait son scel, qu'il appliquait aux actes qu'il souscrivait. Les nobles y faisaient graver leurs armoiries, les roturiers, ce qui leur plaisait, et, le plus souvent, ce qui faisait allusion à leur état ou à leur nom, une croix, une fleur, un arbre, un animal etc. , et, autour *Sigillum*.... et le nom de celui à qui appartient le sceau.

Mais, l'expérience ayant appris que de pareils actes étaient très-exposés à se perdre, Saint-Louis, roi de France, ordonna aux Tabellions, vers 1270, de tenir un registre exact et minute des actes qu'ils rédigeraient . dans la suite, et d'en délivrer des grosses ou expéditions aux contractants , c'est pourquoi , il les créa en titre d'office.

En 1542, François Ier érigea des clercs ou notaires de Tabellions en titre d'office. On attribua aux notaires le droit de recevoir des minutes d'actes, et aux tabellions, le droit de mettre en grosses et expéditions. Les notaires ont toujours joui d'une grande considération dans la société. Ils sont dépositaires de la fortune des particuliers et du secret des familles. C'est par la forme de leurs actes qu'ils maintiennent la paix entre les hommes , préviennent les contestations qui pourraient naître , par la suite , et perpétuent leur mémoire en rendant authentiques leurs dernières volontés.

Il y a actuellement deux notaires , à Condé : MM. Blanchard et Davoult (1). Le premier, comme successeur des anciens tabellions et notaires de Condé , possède les minutes de :

Michel Harel , tabellion, de 1655 à 1660.

Pierre Lerebours, premier notaire créé tant pour Condé que pour les paroisses de Méré, Proucy (Calvados),

---

(1) Pour faciliter les recherches des anciens actes , nous donnons ici les noms des tabellions et le temps de leur exercice.

Saint-Pierre-du-Regard , Berjou et Montilli (Orne), depuis 1687 jusqu'en 1718.

Pierre Lerebourg, précité, comme tabellion, de 1696 à 1718.

Jacques Gosselin, notaire, de 1719 à 1758.

Jacques-Martin Dubois, tabellion, en 1758 à 1759.

Charles Halley, tabellion à Lacy, de 1675 à 1692.

Rolland Béhier, tabellion à Athis, en 1724 et 1725.

François Lebas, tabellion, de 1725 à 1752.

Gervais Lebailly, tabellion, de 1733 à 1755.

Jacques Larue, tabellion, à Brées, de 1733 à 1766.

Pierre Lemoine, tabellion, à Athis, de 1749 à 1766.

Jean-André-Hays Lecanu et Réné-François Deprepetit, tabellions de 1759 à 1792, époque de la suppression du tabellionage.

Réné-François Deprepetit, précité, notaire royal, de 1761 à 1802.

Nicolas Chastel, tabellion, à Athis, de 1769 à 1778.

M. Louis-François-Henry Deprepetit, notaire royal, de 1802 à 1833.

M. Eugène Guillet, notaire royal, de 1833 à 1837.

M. Pierre-Jean-Baptiste Blanchard, en 1837; occupe encore cette honorable fonction.

Il y avait autrefois, à Saint-Jean-le-Blanc, une sergenterie royale, qui appartenait aux seigneurs de Lénault, nommés Radulph. Elle dépendait de la vicomté de Vire et Vassy, supprimée en 1702. Cette sergenterie, divisée en plusieurs branches, avait quatre sergents particuliers et autant de tabellions, qui, quoique 'placés en diverses paroisses, prenaient tous le titre de Tabellions de Saint-Jean-le-Blanc. Il y en avait à Lénault, à Lassy, au Plessis-Grimoult et à Saint-Pierre-la-Vieille. Les plus connus sont : Marivingt, Bisson, Halley, Angot, Samson, Picard. Charles Halley, était Tabellion à Lassy, Étienne Sébire l'était à Lénault en 1675 et 1676; Samson et Picard l'étaient à Saint-Pierre-la-Vieille.

M. Lucien-Jean-Baptiste Davoult, comme successeur des anciens tabellions et notaires de la sergenterie royale de Saint-Jean-le-Blanc, possède les minutes des tabellions et notaires ci-après désignés :

Colin Trenchy et Elie Enguerrand,

en 1408. Ménildo était alors garde des sceaux et des obligations de la vicomté de Condé.

Étienne et Robin Huet, en 1419.

Raoult de Montbray, en 1472.

Guillaume et Jéhan Grésil, en 1490.

Thomas Lefresne et Jean Huet, en 1530.

Jean de Montbray et Guy Brunet, en 1534.

Jean de Montbray et Jean Leconte, en 1573.

Pierre de Montbray et Jacques André en 1590.

Pierre Guerard et Jacques André, en 1598.

Jean Chemin et Isaac Leconte, en 1608.

Pierre Chemin.

Jean Langlois et Deshayes, en 1614.

Pierre Doranlot et Lepré, en 1619.

Jean Lerocher et Jean Bridet, en 1610.

Jean Lerocher, en 1622.

Jean Lerocher et Pierre Doranlot, en 1625.

Pierre Chemin, en 1629.

Jean Bridet et Isaac Leconte, en 1643.

Jean Leconte et Thomas Élie, en 1649.

David Signard et Isaac Leconte, en 1653.

Claude Hébert et Pierre Mesrouze, en 1658.

Michel Harel et Claude Hébert, en 1659.

Daniel Savary et Edmond Madeline, en 1664.

Edmond Madeline, Daniel Savary et Thomas Élie, de 1660 à 1677.

Pierre Lecois, en 1687.

Gervais Cœurdoux et Isaac Lelandois, en 1692.

NOTAIRES DE LÉNAULT.

Jacques Debons, de 1691 à 1708.

François Lapersonne , de 1709 à 1754.

Jacques Lapersonne , de 1754 à 1777.

Jacques-Cristophe-Louis Paysans , de 1777 à 1783.

Charles-Gabriel-Pierre Lapersonne , de 1783 à 1803.

En 1806, le notariat de Lénault fut transféré à Saint-Jean-le-Blanc. M. Sébastien-François Davoult, fut notaire de Saint-Jean-le-Blanc, de 1806 à 1826.

En 1826, le Notariat de Saint-Jean-le-Blanc fut transféré à Condé, où M. Davoult continua d'exercer ses fonctions jusqu'en 1833 ; il donna sa démission en faveur de son fils.

M. Lucien-Jean-Baptiste Davoult ,

notaire de Condé, depuis 1833, s'ac-
quitte encore de cette honorable fonction.

TRIBUNAL DE COMMERCE.

Une loi du 6 Août 1791 porte création d'un Tribunal de Commerce à
Condé-sur-Noireau; sa juridiction est li-
mitée aux cantons de Condé, Vassy et
Aulnay. Les membres de ce tribunal,
élus par une assemblée de notables
commerçants le 8 Octobre, prêtèrent
serment le 17 Novembre. La première
audience eut lieu le 24 du même mois.
Le tribunal était ainsi composé :

MM.

Vaulogé de Beaupré, Louis, président.
Callais, Gervais.
Lenormand, Sébastien.
Boisne, Louis,
Desprey, Jacques.

} Juges.

Nous donnons ici la liste des Présidents qui ont siégé jusqu'à présent; avec indication de l'année de leur première entrée en fonctions. Quelques-uns ont été réélus.

MM.

Vaulogé de Beaupré, en 1791.

Hayes, Jacques, en 1796.

Gourgeon, Gédéon, en 1800.

Boisne, Louis, en 1814.

Lemoine, Louis, en 1817.

Vaulogé-Longpré, Jacques, en 1819.

Callais, Gervais, en 1823.

Bridet, Jacques, en 1828.

Nérou fils aîné, en 1830.

Brière, Michel, en 1842.

Il remplit encore cette importante fonction.

CONSEIL DE PRUD'HOMMES.

La ville de Condé avait obtenu par

E

décision du 9 janvier 1832, la création d'un Conseil de Prud'hommes, ayant la même étendue de juridiction que le tribunal de commerce; mais diverses circonstances l'empêchèrent de jouir des bienfaits de cette institution jusqu'au 2 janvier 1844, ou MM. les membres élus furent installés et nommèrent pour leur président M. Delaferté, Alphonse.

JUGES DE PAIX.

En 1790 les anciennes et nouvelles hautes-justices furent supprimées, et les justices de paix furent créées pour les remplacer.

Il y en eut deux pour Condé : l'une pour la ville et l'autre pour les autres communes du canton.

M. Guillaume-Jacques Lefournier, juge de paix de la ville, depuis 1790 jusqu'à sa mort, arrivée le 13 juin 1804

M. Jean-Baptiste Davoult-Dudouitel, juge pour les communes de 1790 à 1804. Il fut ensuite seul juge de la ville et du canton, de 1804 à 1824.

M. Nicolas-Guillaume-Charles Lefournier. fils du premier juge du même nom, en 1824 et 1825.

M. Ange-François-Hyacinthe Roullin-Deboisville, juge de paix en 1825, remplit encore cette fonction paternelle.

MAIRES.

DEPUIS LEUR CRÉATION EN 1790.

Michel-Joseph Aubin, de 1790 à 1795.

Aimé-Gédéon Gourgeon, en 1795 et 1796.

Pierre Collin, en 1797.

Michel-Hubert, en 1797 et 1798.

Charles-Jean Lainé-Deshayes, en 1798.

Pierre Brisset, de 1798 à 1802.

Charles-Jean Davoult-Dubourg, en 1802 et .803.

Nicolas-Guillaume Lefournier, de 1803 à 1823.

M. Raven-Philippe-Pierre Jouvin-Dusaussay, de 1824 à 1830.

M Louis-François-Henry Deprepetit, de 1830 à 1840. où il donna sa démission. Cet honorable magistrat a été nommé Chevalier de l'ordre royal de la légion-d'honneur, le 28 août 1834.

M. Daniel Delalande, adjoint au maire, en remplit seul les fonctions depuis la démission de M. Deprepetit, jusqu'au 7 février 1841.

M. Louis Alexandre-Lamotte, en 1841, il remplit encore cette honorable fonction.

GRANDS HOMMES DE CONDÉ.

(Voir la Biographie de M. Dumont-d'Urville,
à la fin).

Enguerrand Signard, naquit à Condé-sur-Noireau. Après avoir fini ses études à Caen, il se fit religieux dans le couvent des Jacobins de cette ville, devint docteur en Théologie et Prieur de sa maison. Son mérite et ses vertus s'étant fait connaître, il fut choisi pour confesseur, par Charles duc de Bourgogne, et peu de temps après il occupa le siège épiscopal d'Auxerre. Il ne fit presque que paraître dans ce diocèse, qu'il gouverna pendant deux ans, et mourut le 22 mars 1485, précisément, le même jour du même mois où il avait pris possession.

LECLERC DE BAUBERON.

Nicolas-François Leclerc de Bauberon,

naquit à Condé-sur-Noireau, le 4 Mai
1715. Il était docteur en Théologie,
qu'il professa pendant 50 ans, à Caen.
Il était recteur-émérite, dans l'univer-
sité de Caen, chanoine de l'église mé-
tropolitaine de Rouen, official et vice-
promoteur de l'abbaye royale de Saint-
Étienne de Caen. Son principal ouvrage
est un savant Traité sur la Grâce. Il
avait composé des traités sur la Péni-
tence, le Mariage, les Lois, la Restitu-
tion et l'Ecriture Sainte. Ils sont restés
manuscrits. Il mourut à Caen le 4
décembre 1790.

GUILLAUME MARIE.

M. l'abbé Guillaume Marie, naquit
à Saint-Sauveur de Condé, le 15 Mai
1740. Il fut d'abord curé de la Lande-
Vaumont et ensuite de Rouvres. Il

refusa de prêter serment à la constitution civile du clergé, et, montra, en
s'exilant en Angleterre, son courage et
sa foi.

Il est auteur d'un essai sur l'histoire
de sa ville natale, publié en 1795. Ce
vertueux écclésiastique mourut à Condé
le 5 octobre 1808.

STATUE DE DUMONT-D'URVILLE.

En 1843, une souscription fut
ouverte pour élever au célèbre et trop
infortuné M. Dumont-d'Urville un
Monument dans sa ville natale. Au
moment où nous terminons cette histoire, les Condéens voient déjà avec
allégresse, la statue placée sur un
beau piédestal en granit encore cou-
verte en attendant le jour où elle sera
inaugurée, fixé au 20 octobre.

Cette statue de bronze, haute de deux mètres 66 centimètres, réprésentant l'Amiral, et supportée par un piédestal, est élevée au carrefour principal de Condé, dans l'angle formé par la route royale. Au pied de la statue, sont placés comme attributs un globe terrestre, quelques instruments d'astronomie et de marine, des livres et une carte de géographie en partie déroulée. En outre, sur les faces du piédestal, sont incrustés quatre bas – reliefs en bronze, réprésentant les phases principales de la vie du grand navigateur. Chaque bas-relief a 80 centimètres de largeur, 55 centimètres de hauteur. Les sujets sout ceux-ci :

1° Découverte ou mieux appréciation par M. d'Urville de la Venus Victrix, à Milo (1820), avec le tracé de l'amphitéâtre Voiseti et des fameuses grottes de Milo ;

2° Voyage dans l'Océanie ; scène de travaux concernant la botanique et l'astronomie ; rencontre des Sauvages ; tombeau érigé à la Peyrouse, avec les chiffres 1822, 24, 27 et 29, dates des deux premières circonnavigations de l'amiral.

3° L'Astrolabe et Zélée naviguant dans les glaces Polaires et découvertes de terres Antartiques (1837 — 1840).

4° Catastrophe du 8 Mai 1842, sur le chemin de Versailles.

« L'artiste chargé d'exécuter la « Statue et les bas-reliefs est M. Dominique Molchnekt, rue de Babylone, « n° 18, à Paris, auteur de plusieurs « statues qu'il a faites pour les villes de « Nantes, Rennes, Cahors, St.-Malo « et Paris, etc. , etc. »

NOTICE

HISTORIQUE

SUR M. LE CONTRE-AMIRAL

DUMONT -- D'URVILLE.

M. le contre-amiral Dumont-d'Urville [Jules-Sébastien-César], naquit, à Condé-sur-Noireau, le 25 mai 1790. Gabriel-Charles-François Dumont, seigneur d'Urville, son père, était juge civil, criminel et de police à Condé. Sa famille y était l'objet d'une considération marquée, due à de longs et honorables services dans la magistrature. Jeanne-Françoise-Julie-Victoire de Croisilles, sa mère, était d'une ancienne famille de la meilleure noblesse de Normandie. Ce brave marin n'était, à ses premiers jours, qu'un chétif enfant que sa mère n'espérait pas conserver et qui ne dut en effet la vie qu'à de tendres et incessantes préoccupations.

A l'âge de deux ans, il faillit périr par le feu. Il était tombé dans le foyer de la cheminée de la chambre de son père, qui fut témoin de l'accident, mais retenu par la goutte sur son fauteuil, il ne put secourir son enfant qu'en appelant fortement les domestiques. Dumont-d'Urville a porté toute sa vie, sur l'une de ses mains, les marques du danger qu'il courut dans son enfance.

A l'âge de trois ans, il quitta le lieu de sa naissance et alla habiter, avec sa famille, poursuivie alors par les agents révolutionnaires, le hameau de Coursd'Orne, à Feuguerolles. Les mêmes circonstances amenèrent près de M. d'Urville celui qui devait être son précepteur. C'est là qu'il commença ses études classiques dont se chargea son oncle maternel, M. l'abbé de Croisilles, depuis vicaire-général de Bayeux.

Sa mère lui faisait faire des courses très-longues à pied, dans les champs, et l'obligeait à rester nu-tête et nu-pieds, même en hiver. Depuis l'amiral a dit bien des fois qu'il était redevable aux rudes exercices que lui imposait sa mère, de sa forte constitution.

Le jeune d'Urville répondit aux soins de son oncle qui le plaça ensuite au collége de Bayeux. Il semblait que l'étude si aride des lettres et des sciences ne fût pour le jeune d'Urville qu'un amusement.

En 1802, à l'âge de douze ans, ses études étaient terminées au collége de Bayeux. Au concours, qui eut lieu à cette époque, pour former le lycée de Caen, il fut admis à l'unanimité. Il s'y livra spécialement à l'étude des mathématiques, des langues vivantes et des sciences naturelles.

Il aima toujours à apprendre les langues. Il s'occupa quelque temps de l'hébreu; il apprit l'anglais et le russe, mais c'est surtout à la langue chinoise qu'il se livra le plus, et aux langues de l'Asie et de l'Océanie.

Rien, chez le jeune d'Urville, ne fit d'abord prévoir ce qu'il fut plus tard. Enfant, ses jeux étaient tranquilles, son visage grave et pensif, son maintien calme. Un jour sa mère lui apporta l'histoire de l'Amérique par Robertson. Depuis ce jour, l'avenir du jeune homme est fixé, la gloire de Colomb

F

l'enivre et ne le laisse plus dormir. Sur
les bancs du lycée de Caen, dont il est
un des meilleurs élèves, il pense sans
cesse à ce grand homme, à cette vie
pure, à ce dévouement si admirable !

Ce fut sous l'influence de ces idées
qu'à la sortie du collége, il fit connaître
à sa mère le parti bien arrêté qu'il
avait pris d'entrer dans la marine. On
le fit donc admettre parmi les aspirants.
Il se rendit à Brest en 1808, et en 1817
il obtint son brevet d'enseigne de vaisseau. En 1816, M. d'Urville servait sur
le vaisseau qui apporta, de Palerme en
France, Louis-Philippe d'Orléans et sa
famille. C'est avec le grade d'enseigne
de vaisseau, mais plus spécialement
comme savant, qu'il accompagna M. le
capitaine Gautier pour exécuter, dans
la Mer Noire et la partie orientale de la
Méditerrannée, un travail hydrogra-
hiqdue. C'était en 1819.

C'est pendant son séjour à Milo qu'il eut le bonheur de découvrir et d'indiquer à M. Rivière, ambassadeur de France à Constantinople, la Vénus qu'un paysan de cette ville venait de trouver en bêchant son champ : ce chef-d'œuvre de sculpture, objet de l'admiration des artistes, est aujourd'hui au musée du Louvre, dont il fait un des plus beaux ornements ; dessinée et gravée plusieurs fois, cette statue a été décrite à l'envi par MM. Emeric David, Alexandre Le Noir et les comtes de Valory et de Clarac.

Appelé à Paris, en 1820, à la suite du commandant de l'expédition, il reçut le brevet de lieutenant de vaisseau ; puis à son retour, il projeta, avec M. Duperrey, un voyage, dans l'intérêt des sciences. Il s'embarqua, à Toulon, sur la corvette la Coquille, en 1822, sous le commandement de

134

M. Duperrey. Ce voyage autour du monde, dura 31 mois et ils parcoururent 25 mille lieues. M. d'Urville chargé, outre son grade, de la botanique et de l'entomologie, rapporta trois mille espèces de plantes, dont quatre cents nouvelles; enrichit le muséum d'histoire naturelle de Paris de douze cents insectes dont quatre cent cinquante manquaient et quatre cents inconnus. Ils rentrèrent en France, en 1825. Au retour de ce voyage, M. d'Urville, déjà chevalier de la Légion-d'Honneur, fut nommé capitaine de frégate et chevalier de Saint-Louis.

A peine débarqué, il reprit la plume et dressa le plan d'un autre voyage autour du monde. A la fin de 1825, M. d'Urville reçut sa lettre de commandement. Le bruit venait de se répandre qu'on avait obtenu quelques indices sur Lapeyrouse. M. d'Urville fut chargé d'en rechercher les traces. La corvette la Coquille, désignée encore pour ce voyage, prit le nom de l'Astrolabe, qu'avait porté le bâtiment monté par Lapeyrouse. Elle mit à la voile, à Toulon, en 1828, et se dirigea vers les îles Vanikoro, où le capitaine Dillon prétendait avoir trouvé les traces du naufrage de Lapeyrouse. D'Urville envoya quelques hommes dans le grand canot explorer les rescifs de l'ouest; ils rapportèrent quelques débris de navires que M. Gressien s'était procurés chez les insulaires, qui néanmoins avaient refusé de lui indiquer le lieu du naufrage de Lapérouse. Quelques jours après, on renouvela les tentatives, et M. Jacquinot, en montrant un morceau de drap rouge, séduisit un des sauvages qui, pour l'obtenir, consentit à conduire le canot à l'endroit même où avait péri, sans doute l'infortuné navigateur.

Là le détachement de l'expédition aperçut, disséminés au fond de la mer, à trois ou quatre brasses, des ancres, des canons, des boulets, des saumons en fer et en plomb, principalement une immense quantité de plaques de ce dernier métal. Tout le bois avait disparu, et les objets plus minces, en cuivre ou en fer, étaient corrodés par la rouille.

Instruit de cette découverte, M. Dumont-d'Urville envoya sur-le-champ la chaloupe sur le théâtre du naufrage, et conduisit la corvette dans la baie intérieure, à laquelle il donna le nom de baie Manevai. Cette manœuvre difficile à travers un canal étroit, obstrué de coraux, bordé de brisants redoutables, nécessita deux jours entiers d'efforts opiniâtres.

On s'occupa pendant deux autres

jours à retirer du fond des eaux le plus
d'objets qu il fut possible, entre autres
un ancre de neuf cents kilogrammes, un
canon court en fonte du calibre de huit,
tous deux corrodés par la rouille et
couverts d'une croûte épaisse de coraux,
un saumon de plomb, et deux pierriers
en cuivre en assez bon état de conser-
vation.

M. d'Urville conçut alors le généreux
dessein d'élever près du mouillage de la
corvette un monument à la mémoire
des malheureux Français qui avaient fait
naufrage près de ces rivages funestes.
M. d'Urville choisit une petite touffe de
mangliers verdoyants pour y placer le
cénotaphe. L'érection de ce monument
modeste, mais suffisant pour attester le
passage de l'Astrolabe à Vanikoro et l'ex-
pression des regrets de l'équipage, fut
commencée le 6 mars et achevée le 14.
L'inauguration en fut consacrée par

trois décharges de mousqueterie et une salve de vingt et un coups de canon.

En 1829, l'Astrolabe laissait tomber l'ancre devant Marseille. A son retour, M. d'Urville fut élevé au grade de capitaine de vaisseau. La révolution de 1830 arriva, et ce fut M. d'Urville que l'on chargea de conduire, hors de France, Charles X et sa famille. Il s'acquitta noblement de cette délicate mission. Les six années suivantes s'écoulèrent pour lui dans le repos, comme oublié par le gouvernement nouveau; enfin, en 1837, il obtint le commandement d'une nouvelle expédition composée de l'Astrolabe et de la Zélée : M. d'Urville était de retour en 1840. Depuis trente-huit mois, qu'elles étaient sorties de France, elles avaient parcouru environ trente mille lieues. C'est ce dernier voyage qui a mis le comble à sa gloire. A la fin de l'année 1840, il fut

promu au grade de Contre-Amiral. Après
être resté quelque temps à Toulon, pour
se remettre de ses fatigues, il vint se
fixer à Paris. Enfin le 8 mai 1842 arriva,
jour à jamais déplorable ! Le dimanche
précédent, Paris avait célébré la fête
du roi, c'était maintenant le tour de
Versailles. Dès le matin, les flots de la
population parisienne se précipitaient
sur le double chemin de fer. Pressé par
sa femme et son fils, le contre-amiral
consentit à s'y rendre. Le soir, il reprit
avec eux la route de Paris. Entre Men-
don et Clamart, par un accident affreux,
soixante voyageurs ne formèrent plus
qu'un hideux amas de cendres, d'os et
de chairs noircis par le feu. M. Dumont-
d'Urville, hélas ! sa femme et son fils
étaient au nombre des victimes

C'est ainsi que le contre-amiral Dumont-d'Urville est descendu dans la
tombe, avant le temps. Deux expédi-

tions consacrent le souvenir de son nom dans la science. Elles absorbèrent moins de sept années de sa vie pendant lesquelles il parcourut plus de soixante mille lieues, explora deux mille lieues de côtes inconnues ou vaguement indiquées avant lui, découvrit deux grandes terres, près de cinquante îles, et rapporta aux sciences naturelles d'immenses richesses, plusieurs milliers d'espèces de plantes, d'insectes et d'autres animaux nouveaux. Les marins rendent hommage à la conception de ses plans, à l'habileté de sa direction, à sa fermeté, à sa persévérance et surtout à sa hardiesse.

L'on peut dire que son dernier voyage a couronné dignement la carrière maritime si longue et pourtant si abrégée de cet homme que la France peut opposer avec orgueil aux plus illustres navigateurs des autres nations.

TABLE

DES MATIÈRES.

—